GEORGIOS PAPADIMITRIU

Die Stellung der allgemeinen Regeln
des Völkerrechts im innerstaatlichen Recht

Schriften zum Völkerrecht

Band 25

Die Stellung der allgemeinen Regeln des Völkerrechts im innerstaatlichen Recht

Eine rechtsdogmatische und rechtsvergleichende Untersuchung zur Stellung der allgemeinen Regeln des Völkerrechts im innerstaatlichen Recht unter Berücksichtigung der Rechtsordnungen Belgiens, der Bundesrepublik Deutschland und Griechenlands

Von

Dr. Georgios Papadimitriu

DUNCKER & HUMBLOT / BERLIN

Alle Rechte vorbehalten
© 1972 Duncker & Humblot, Berlin 41
Gedruckt 1972 bei Buchdruckerei Bruno Luck, Berlin 65
Printed in Germany
ISBN 3 428 02811 2

Meiner Mutter

Vorwort

Die vorliegende Arbeit wurde im Wintersemester 1971/72 von der Juristischen Fakultät der Universität Heidelberg als Dissertation angenommen. Das Manuskript wurde im September 1971 abgeschlossen.

Meinem verehrten Lehrer, Herrn Professor Dr. Dr. jur. h. c. Hermann Mosler, bin ich für seine verständnisvolle Betreuung und die Freiheit, die er mir zur Entwicklung dieser Gedankengänge gelassen hat, zu besonderem Dank verpflichtet. Für wertvolle Diskussionen und Hinweise möchte ich Herrn Professor Dr. Aristovoulos Manessis (Paris-Amiens) und Herrn Professor Dr. J. J. A. Salmon (Brüssel) danken.

Mein Dank gilt ferner dem Personal und insbesondere dem Direktor, Herrn Steiner, der Bibliothek des Max-Planck-Instituts für ausländisches öffentliches Recht und Völkerrecht in Heidelberg, wo im wesentlichen diese Arbeit entstand.

Gefördert wurde die Arbeit durch ein Stipendium des DAAD, der auch für ihre Veröffentlichung einen Zuschuß gewährt hat.

Schließlich möchte ich Herrn Ministerialrat a. D. Dr. J. Broermann für die Aufnahme meiner Arbeit in die Reihe „Schriften zum Völkerrecht" seines Verlages danken.

Kiel, April 1972

Georgios Papadimitriu

Inhaltsverzeichnis

Abkürzungsverzeichnis

AJIL	American Journal of International Law
Anm.	Anmerkung
AöR	Archiv des öffentlichen Rechts
Aufl.	Auflage
Bd.	Band
BGH	Bundesgerichtshof
BGHSt	Entscheidungen des Bundesgerichtshofs in Strafsachen
BRD	Bundesrepublik Deutschland
BVerfG	Bundesverfassungsgericht
BVerfGE	Entscheidungen des Bundesverfassungsgerichts
BVerfGG	Gesetz über das Bundesverfassungsgericht vom 12. März 1951
DDR	Deutsche Demokratische Republik
EEAN	Efimeris Ellinikis kai Allodapis Nomologias (Zeitung griechischer und ausländischer Rechtsprechung)
EEN	Efimeris Ellinon Nomikon (Zeitung griechischer Juristen)
GG	Grundgesetz für die Bundesrepublik Deutschland vom 23.Mai 1949
GMBl	Gemeinsames Ministerialblatt
GrZPB	Griechisches Zivilprozeß-Gesetzbuch in der Fassung vom 25. Okt./1. Nov. 1971
GVG	Gerichtsverfassungsgesetz vom 27. Januar 1877 in der Fassung vom 12. September 1950
ICLQ	The International and Comparative Law Quarterly
IGH	Internationaler Gerichtshof
IPR	Internationales Privatrecht
JIR	Jahrbuch für Internationales Recht
JöR	Jahrbuch des öffentlichen Rechts (Neue Folge)
JT	Journal des Tribunaux
Kommission	1. Studienkommission der Deutschen Gesellschaft für Völkerrecht (1963)
LG	Landgericht
MRK	Konvention zum Schutze der Menschenrechte und Grundfreiheiten von Rom vom 4. November 1950

NB	Nomikon Bima
NJW	Neue Juristische Wochenschrift
OLG	Oberlandesgericht
OVG	Oberverwaltungsgericht
Pas.	Pasikrisie
RBDI	Revue Belge de Droit International
RCJB	Revue Critique de Jurisprudence Belge
RdC	Recueil des Cours de l'Académie de Droit International
RDI	Revue de Droit International
RDILC	Revue de Droit International et de Législation Comparée
RGDIP	Revue Général de Droit International Public
RHellDI	Revue Hellénique de Droit International
StGB	Strafgesetzbuch vom 15. Mai 1871 in der Fassung vom 25. August 1953
StRE	Entscheidungen des Griechischen Staatsrats
t.	tome
VGR	Völkergewohnheitsrecht
VR	Völkerrecht
VVR	Völkervertragsrecht
WV	Verfassung des Deutschen Reichs vom 11. August 1919
WVR[1]	Wörterbuch des Völkerrechts und der Diplomatie (Strupp)
WVR[2]	Wörterbuch des Völkerrechts (Strupp-Schlochauer)
YBILC	Yearbook of the International Law Commission
ZaöRV	Zeitschrift für ausländisches öffentliches Recht und Völkerrecht

A. Einleitender Überblick

Rudolf[1] führt schon am Anfang seiner Arbeit über Völkerrecht und deutsches Recht zutreffend aus: „Seit Triepel das rechtstheoretische Problem des Verhältnisses des Völkerrechts zum staatlichen Recht 1899 zum ersten Male herausgearbeitet und systematisch behandelt hat, ist die Diskussion um diese Kardinalfrage des Völkerrechts nicht mehr abgerissen." Tatsächlich ist die Frage nach dem Verhältnis des Völkerrechts zum innerstaatlichen Recht immer noch aktuell und wird zweifelsohne aktuell bleiben. Sie ist aber nicht nur eine „Kardinalfrage" des Völkerrechts, sondern ebenso des innerstaatlichen Rechts, da sie einen völkerrechtlichen und einen innerstaatlichen Aspekt aufweist.

Ist es Triepel[2] und später — jedoch in geringerem Maße — Walz[3] gelungen, den ganzen Fragenkomplex herauszuarbeiten und zu behandeln, so erweist sich dies heute als eine Aufgabe, die nur eine Gruppe von „Spezialisten" bewältigen könnte. Will man die Ergebnisse der Diskussion vorantreiben, so muß jeder Versuch in dieser Richtung auf einen gewissen Teil des ganzen Fragenkomplexes beschränkt bleiben, um konstruktiv sein zu können[4].

Schon der Titel dieser Arbeit weist darauf hin, daß aus dem gesamten Fragenkomplex „Völkerrecht und innerstaatliches Recht" nur die *Stellung der allgemeinen Regeln des Völkerrechts im Geltungsbereich des innerstaatlichen Rechts* untersucht werden soll. Auf die Stellung der Normen des Völkervertragsrechts im innerstaatlichen Rechtsraum wird dagegen nicht eingegangen. Ob andererseits — und gegebenenfalls auf welche Art und Weise — das innerstaatliche Recht auf die allgemeinen Regeln, und generell auf das Völkerrecht, einwirkt, kann ebenfalls nicht Gegenstand dieser Arbeit sein.

Die Stellung der allgemeinen Regeln des Völkerrechts im innerstaatlichen Recht hängt nicht ausschließlich von letzterem ab, auch wenn hierfür der innerstaatlichen Rechtsordnung eine *Schlüsselfunktion* zu-

---

[1] *Rudolf*, W., Völkerrecht und deutsches Recht, S. 1.

[2] *Triepel*, H., Völkerrecht und Landesrecht, Leipzig 1899.

[3] *Walz*, G. A., Völkerrecht und staatliches Recht, Stuttgart 1933. Schon bei dieser umfangreichen Arbeit wird die Tendenz klar, den Akzent mehr auf die Einwirkung des Völkerrechts auf das innerstaatliche Recht zu legen.

[4] In dieser Richtung neuerdings die umfangreiche Arbeit von *Bleckmann*, Alb., Begriff und Kriterien der innerstaatlichen Anwendbarkeit völkerrechtlicher Verträge, Berlin 1970.

kommt. Dabei spielt die *Fähigkeit*, die *Bereitschaft* und die *Intensität* der allgemeinen Regeln, innerstaatliche Wirkungen zu entfalten, eine wichtige Rolle. Zwischen den beiden „Rechtssphären" lassen sich viele Berührungspunkte erkennen, die sich mit der Fortentwicklung des Völkerrechts und der zunehmenden Bereitschaft des innerstaatlichen Rechts, Normen des Völkerrechts in seinem Bereich als verbindlich zu akzeptieren, vermehren. Dadurch wird ein dynamischer Prozeß in Gang gesetzt, der das Eindringen dieser Regeln in das innerstaatliche Recht fördert.

Die vorzunehmende Untersuchung soll zunächst von jeder theoretischen „Überlastung" frei bleiben. Das ist eine Voraussetzung, um die damit zusammenhängenden Probleme unvoreingenommen überprüfen zu können. Die dualistische, die monistische Theorie und ihre Varianten werden in Betracht gezogen, soweit diese für die zu behandelnden Fragen relevant sind.

Was die Technik angeht, durch die jede innerstaatliche Rechtsordnung die Regelung der Stellung der allgemeinen Regeln des Völkerrechts in ihrem Geltungsbereich unternimmt, so ist zwischen *rechtstechnischen Mitteln* und *rechtstechnischen Methoden (Instrumentarium)* zu unterscheiden. Hält man sich die Besonderheiten vor Augen, welche die Völkervertragsnormen aufweisen, so kann dieses Instrumentarium ebenso auf die Regelung der innerstaatlichen Stellung dieser Normen übertragen werden.

Einige Bemerkungen zur rechtsvergleichenden Seite dieser Arbeit sind erforderlich. Damit die Rechtsvergleichung gründlich vorgenommen werden kann, ist die Zahl der zu untersuchenden Rechtsordnungen gering zu halten. Deswegen wurden nur drei Rechtsordnungen ausgewählt: die deutsche (BRD), die griechische und die belgische. Die deutsche und die griechische Rechtsordnung wurden ausgewählt, weil diese eine vorbildliche Lösung liefern, die belgische, weil im Rahmen der geplanten Verfassungsrevision die hier angeschnittenen Probleme für sie akut sind. Außerdem weisen diese drei Rechtsordnungen viele Ähnlichkeiten und Parallelen auf, da sie „freiheitlich-demokratisch"[5] sind und dem kontinental-europäischen Rechtskreis angehören. Andere Rechtsordnungen wurden gelegentlich, allerdings selten, in Betracht gezogen.

Zur rechtsvergleichenden Methodik ist kurz folgendes zu sagen. Die einzelnen Fragen werden meistens im Zusammenhang mit den sich jeweils stellenden theoretischen Problemen behandelt. Dies soll der Ergiebigkeit der Arbeit dienen.

---

[5] Gemäß der vom **GG** geprägten Formulierung (Art. 18, 21 Abs. 2, 91[2]); zur Zeit stellt jedoch Griechenland eine Ausnahme dar.

Das relevante völkerrechtliche, staatsrechtliche, rechtsvergleichende und sonstige Schrifttum wurde möglichst weitgehend berücksichtigt. Auf „Massenzitate" wurde allerdings verzichtet. Verwiesen wird nur auf diejenigen Arbeiten, welche sich für den Aufbau dieser Untersuchung als bedeutsam erwiesen haben.

Gerichtsurteile wurden in weitem Umfange verwertet. Aus der deutschen Rechtsprechung wurden Urteile berücksichtigt, die nach Inkrafttreten des GG ergangen sind. Aus verständlichen Gründen wurde den Entscheidungen des Bundesverfassungsgerichts der Vorzug eingeräumt. Aus der belgischen und der griechischen Rechtsprechung wurden dagegen auch ältere Urteile eingearbeitet, sofern sich diese für die dortige Entwicklung als relevant erwiesen haben.

B. Die allgemeinen Regeln
des Völkerrechts und das innerstaatliche Recht

I. Der Einfluß des Völkerrechts, insbesondere
seiner allgemeinen Regeln, auf das innerstaatliche Recht

1. Triepel hat schon in seiner klassischen Arbeit über das Verhältnis zwischen Völkerrecht und Landesrecht geschrieben: „Alles Recht hängt unter sich eng zusammen, kein Theil verträgt strenge Absonderung[1]." Weiter hat Triepel ausgeführt: „Der Umfang dieses ‚völkerrechtlich bedeutsamen' Landesrechts, wie ich es vorläufig nennen will, wächst dabei von Jahr zu Jahr; denn je ausgedehnter und inniger der Verkehr des modernen Staates mit seinesgleichen wird, um so stärker wird der Stoff *seines Rechtes*, das solchem Verkehre gilt[2]." Hiermit liefert Triepel die Grundlage, die noch heutzutage unvermeidlich den Ausgangspunkt jeder Behandlung der Frage nach dem Verhältnis zwischen Völkerrecht und innerstaatlichem Recht darstellen soll. Durch seine erste Bemerkung weist er auf den Zusammenhang und die Wechselwirkung hin, die zwischen Völkerrecht und innerstaatlichem Recht besteht, während er durch seine zweite Bemerkung offensichtlich die leicht feststellbare Tatsache betonen will, daß je intensiver sich der Verkehr zwischen Staaten entfaltet, um so stärker und dynamischer der Zusammenhang und die Wechselwirkung zwischen Völkerrecht und innerstaatlichem Recht in Erscheinung treten[3]. Daß man von den Triepelschen Ausgangspositionen ausgehend zu anderen Ergebnissen gelangen kann — wie es hier der Fall sein wird —, zeigt freilich den dynamischen Charakter des Verhältnisses zwischen Völkerrecht und innerstaatlichem Recht[4].

---

[1] VR und LR, S. 2. Da *Triepel* — mit Recht — als Begründer der dualistischen Theorie gilt, könnte man annehmen, daß er sich hiermit lediglich auf das innerstaatliche Recht — nach seiner terminologischen Formulierung das Landesrecht — bezieht. Die daran angeschlossene Ausführung zeigt aber deutlich, was Triepel zum Ausdruck bringen will: „Nur dass vielleicht die Zusammenhänge der Rechtszweige innerhalb des Gesamtbereichs der staatlichen Rechtsordnung offener zu Tage liegen als die oft nur feinen Fäden, die vom Landesrecht ins Völkerrecht hinüberführen. Aber sind diese auch fein, so sind sie gleichwohl fest. Und darum können sie wohl, aber dürfen sie nicht übersehen werden" (ebenda, S. 2).

[2] aaO., S. 2.

[3] Entsprechendes gilt für die wirtschaftliche, politische, kulturelle usw. Ebene.

[4] Vgl. etwa *Mosler*, Praxis, S. 5: „Die Völkerrechtsordnung ist also keine

2. Dieses Verhältnis haben bekanntlich zwei Haupttheorien zu klären versucht: die dualistische und die monistische, die wiederum mehrere Variationen erfahren haben. Die Darlegung und die kritische Betrachtung dieser Theorien würde eine Überschreitung des Rahmens dieser Arbeit bedeuten. Hier wird auf Hauptwerke verwiesen, die von diesen Theorien einen klaren Eindruck vermitteln[5]. Es muß jedoch zugestanden werden, daß bei den folgenden Ausführungen der gemäßigten dualistischen Theorie weitgehend der Vorzug eingeräumt wird. Sie stimmt eher mit der Staatenpraxis überein, widerspricht dem Völkerrecht nicht und erweist sich nicht als „völkerrechtsunfreundlich". Darüber hinaus trägt sie den gegenwärtigen Realitäten genügend Rechnung[6]. Dabei sind allerdings die Züge, welche jeweils den dynamischen Charakter des Verhältnisses in Erscheinung treten lassen, ständig vor Augen zu halten. Das Verhältnis zwischen Völkerrecht und innerstaatlichem Recht läßt sich nicht rein theoretisch, d. h. durch eine theoretische Konstruktion, erklären. Dazu erweist sich die Heranziehung der jeweiligen geschichtlichen Gegebenheiten als unausweichlich.

3. Auf diese geschichtlichen Gegebenheiten soll hier kurz eingegangen werden. Die Beziehungen zwischen Staaten[7] haben schon seit der Jahrhundertwende in zahlreichen Bereichen eine gewisse Ausdehnung erfahren. Diese Entwicklung hat stufenweise zur Organisierung der Staaten- bzw. Völkergemeinschaft geführt, die heutzutage in den in der UNO-Satzung enthaltenen Prinzipien verankert ist. Zwar hat es nicht an Versuchen gefehlt, die die Isolation eines Staates auf der internationalen Tribüne zum Ziel hatten. Es sei hierbei an die erste Periode der

---

durch das Wesen des Menschen oder seiner Verbände vorgegebene Ordnung, die zu allen Zeiten in gleicher Weise existieren muß. Die bekanntesten Erscheinungen des modernen Lebens haben zu einer sehr viel stärkeren gegenseitigen Abhängigkeit und Verflechtung der in der Rechtstheorie nach wie vor souveränen Staaten geführt, als dies im Verlauf der bisherigen Geschichte jemals der Fall war"; *Dahm*, VR I, S. 54: „Das VR und das inländische Recht bilden somit zwei Schichten, zwei verschiedene Ebenen des Rechts, aber sie ergänzen einander und verbinden sich zu einer inneren Einheit."

[5] *Kunz*, Landesrecht und Völkerrecht, WVR¹ Bd. I, S. 787 ff.; *Kelsen*, Les Rapports de Système, RdC Bd. 14 (1926 IV), insbesondere S. 263 ff.; *Walz*, VR und stR, S. 11 ff.; *Dahm*, VR I, S. 53 ff.; *Berber*, VR I, S. 91 ff.; *Guggenheim*, WVR² Bd. III, S. 651 ff.; *Verdross*, VR, S. 111 ff.; *Usenko*, Arbeitsteilung, S. 118 ff.; *Rudolf*, VR und dt. Recht, S. 128 ff.; *Seidl-Hohenveldern*, VR, S. 101 ff.; *Lewin*, Drei Beiträge, S. 158 ff.; *O'Connel*, International Law I, S. 38 ff.; Über die Auffassungen der sowjetischen Doktrin zum Verhältnis berichtet neuerdings ausführlich *Schweisfurth*, Der internationale Vertrag, S. 52 ff.

[6] Zum gemäßigten Dualismus vgl. vor allem *Rudolf*, aaO., S. 141 ff. mit weiteren Nachweisen.

[7] Sonstige Völkerrechtssubjekte — in Frage kämen vornehmlich internationale Organisationen — bleiben hier außer Betracht.

Existenz der UdSSR und vielleicht innerhalb eines gewissen Zeitraums an die Volksrepublik China[8] erinnert. Diese Versuche sind aber daran gescheitert, daß jeder Staat darauf angewiesen ist, am internationalen Verkehr teilzunehmen und infolgedessen Partner (Völkerrechtsgenossen) zu suchen. Isoliert kann kein Staat mehr existieren[9]. Dagegen läßt sich feststellen, daß die Zahl der Völkerrechtsgenossen eines jeden Staates mit der Zeit zunimmt, was wiederum die Ausdehung und Intensivierung des internationalen Verkehrs zur Folge hat. Dabei ist die Art und Weise dieses Verkehrs je nach den geschichtlichen Gegebenheiten verschieden mannigfaltig ausgestaltet. Das Bestehen zwischenstaatlicher Beziehungen wirft die Frage nach ihrer rechtlichen Regelung auf. Diese Aufgabe steht dem Völkerrecht zu.

Wollte man wie um die Jahrhundertwende, als die zwischenstaatlichen Beziehungen noch relativ beschränkt waren, das innerstaatliche Recht vom Völkerrecht noch streng getrennt sehen, so ist diese Betrachtungsweise längst nicht mehr haltbar. Das Völkerrecht und das innerstaatliche Recht sind gezwungen, zu einem *engen Zusammenhang* und einer *evidenten Wechselwirkung* untereinander zu gelangen. Andererseits ist es aber eine Tatsache, daß beide Rechtsordnungen (die völkerrechtliche und die innerstaatliche) sich weitgehend unter eigenen Gesetzen entwickeln und herausbilden, die beim Bemühen um die Klärung des Verhältnisses nicht übersehen werden dürfen.

Werden nun die internationalen Beziehungen intensiver, so nimmt die Bedeutung des Völkerrechts zu, und es intensivieren sich der Zusammenhang und die Wechselwirkung zwischen Völkerrecht und innerstaatlichem Recht. Dieser Zusammenhang und diese Wechselwirkung spiegeln sich im Einfluß wider, den das Völkerrecht und das innerstaatliche Recht *aufeinander* ausüben[10].

---

[8] Nach der erfolgten internationalen Öffnung Chinas kann sicher nicht mehr die Rede von einer Isolation sein.

[9] Unabhängig vom System, dem er angehört. Sollte ein Staat dies versuchen — was als Hypothese gelten darf —, so könnte er sicherlich nicht lange auf einem solchen Zustand beharren.

[10] Dieser Einfluß weist zwei Aspekte auf. Im Rahmen dieser Arbeit wird ausschließlich der Einfluß des VR auf das innerstaatliche Recht behandelt. Dagegen wird auf den umgekehrten Einfluß — des innerstaatlichen Rechts auf das VR — nicht eingegangen. Daß dieser entscheidend ist, braucht kaum hervorgehoben zu werden. So hat z. B. das innerstaatliche Recht bei der Kodifizierung des Vertragsrechts Beachtung gefunden. In Art. 2 (c) der Wiener Konvention vom 23. Mai 1969 heißt es: " 'full powers' means a document emanating from the competent authority of a State designating a person or persons to represent the State ..."; vgl. ferner Art. 5 (2), 6, 7, 9 der Konvention (abgedruckt in ZaöRV Bd. 29 [1969], S. 711 ff.). Siehe noch dazu die commentaries des Entwurfes der International Law Commission (JILC 1966, Bd. II, S. 187 ff.).
Zum Einfluß des innerstaatlichen Rechts auf das VR vgl. vor allem die gründlichen Arbeiten von *Scheuner,* L'Influence du droit interne sur la

4. Schon die Erfahrung weist darauf hin, daß die Bezugnahme auf das Völkerrecht im Leben eines jeden Staates immer mehr in den Vordergrund tritt. Dies bestätigen ausreichend innerstaatliche Rechtsakte, Äußerungen von Staatsorganen oder von repräsentativen Organen verschiedener gesellschaftlicher Organisationen, politische Aktionen u. ä. Dadurch wird der Einfluß des Völkerrechts auf das Leben eines jeden Staates — im weitesten Sinne verstanden — deutlich[11]. Es handelt sich um einen *Vorgang,* der auf die Gestaltung des Staatslebens im allgemeinen nach vielen Richtungen[12] einwirkt. Aus diesem (Gesamt-)Vorgang interessiert hier nur derjenige (Teil-)Vorgang, der sich auf das Recht bezieht, m. a. W. der Einfluß, den das Völkerrecht und insbesondere dessen allgemeine Regeln[13] auf das innerstaatliche Recht ausüben.

5. Was den rechtlichen Einfluß anbelangt, so ist zwischen *unmittelbarem* und *mittelbarem* Einfluß zu unterscheiden. Der erstere besteht darin, daß die Staaten durch Vorkehrungen den völkerrechtlichen Normen und insbesondere den allgemeinen Regeln in ihrem Geltungsbereich Geltung und daher Anwendung einräumen. Der zweite erschöpft sich dagegen darin, daß die völkerrechtlichen Normen bei der Entstehung von Normen des innerstaatlichen Rechts oder bei der Artikulierung und Aktualisierung bereits bestehender Normen, in einem jeweils unterschiedlichen Maße, eine gewisse Rolle spielen. Die Grenzen zwischen mittelbarem und unmittelbarem Einfluß sind allerdings nicht immer leicht erkennbar.

Betrachtet man das Material[14], das der Setzung eines innerstaatlichen gesetzgeberischen Aktes zugrunde liegt, so stellt man fest, daß oft bei dessen Vorbereitung und Ausarbeitung — in jedem bestimmten Fall nach der zu regelnden Materie in verschiedener Art und Weise — auf die allgemeinen Regeln des Völkerrechts Rücksicht genommen wird. Darüber hinaus erweist sich diese Rücksichtnahme für den Inhalt eines solchen Aktes oft als ausschlaggebend. Übrigens gilt mehr oder weniger das gleiche für jene seitens der (inner-)staatlichen Organe erlassenen Rechtsakte (Gerichtsurteile[15], Verwaltungsakte), die, um die Triepelsche

---

formation du droit international, RdC Bd. 68 (1939 II), S. 99 ff. und *Marek,* Krystyna, Droit international et droit interne, Genève 1961. Ferner *Wengler,* VR I, S. 79 f., 83 f., 87 ff.; *Lewin,* aaO., S. 163 ff. mit charakteristischen Beispielen.

[11] So z. B. neuerdings in den USA anläßlich des Calley-Prozesses. Vgl. dazu das Nachrichten-Magazin „Der Spiegel", Nr. 16 (12. April 1971), S. 94 ff.

[12] Er beeinflußt die internationale und nationale Politik, die Wirtschaftspolitik usw. jedes Staates.

[13] Es wird später zu erläutern sein, was unter dem Terminus „allgemeine Regeln des Völkerrechts" zu verstehen ist (C, V.).

[14] Parlamentarische Diskussionen, Gutachten u. ä.

[15] Ein charakteristisches Beispiel hierfür bringt *Dahm* (Zur Problematik,

Formulierung zu wiederholen, irgendwie „völkerrechtlich bedeutsam"[16] sind. Diese Tatsache erklärt sich folgendermaßen: Jeder Staat geht bei der Gestaltung seines Rechtslebens grundsätzlich davon aus, daß er das Völkerrecht bzw. dessen allgemeine Regeln zu beachten hat. Zwar kann es vorkommen, daß ein Staat diese Regeln verletzt. Dies ist aber als Ausnahme anzusehen, weil in der Regel jeder Staat bestrebt ist, sein Recht in Übereinstimmung mit dem Völkerrecht zu gestalten[17].

Diesen mittelbaren Einfluß im einzelnen aufzuzeigen, ist sicherlich eine schwere Aufgabe. Sofern dieser Einfluß rechtlich relevant ist, erscheint er eher auf rechtspolitischer Ebene und läßt sich daher „rein" rechtlich nicht behandeln. Er soll im folgenden dahingestellt bleiben.

Der unmittelbare Einfluß wird von der Rechtspraxis aller Staaten bestätigt, indem diese Vorkehrungen treffen, um die Stellung der allgemeinen Regeln im innerstaatlichen Bereich zu bestimmen. Auf diesen Einfluß wird an dieser Stelle nicht näher eingegangen, um die Ergebnisse der Untersuchung zur Stellung der allgemeinen Regeln des Völkerrechts im innerstaatlichen Rechtsraum nicht vorwegzunehmen[18].

II. Die Bedeutung des Inhaltes, des Zweckes und des rechtlichen Charakters der allgemeinen Regeln für ihre innerstaatliche Stellung; zugleich Bemerkungen zum Begriff des „self-executing"-Völkerrechts

1. Das gegenwärtige Völkerrecht verlangt vom innerstaatlichen Recht, daß es die völkerrechtlichen Normen in seinem Geltungsbereich beachtet. Dabei bleibt den Staaten selbst überlassen, auf welche Art und Weise sie dies verwirklichen. Dem innerstaatlichen Recht kommt damit eine „Schlüsselfunktion" zu[1]. Es fragt sich, ob der *Inhalt*, der *Zweck* und der *rechtliche Charakter* der allgemeinen Regeln des Völkerrechts hierbei eine Rolle spielen. Als Vorfrage ist zunächst zu klären, was unter dem Begriff „allgemeine Regeln des Völkerrechts" verstanden

---

S. 79): „Bei der Beurteilung der Frage, ob eine beleidigende Äußerung zur Wahrnehmung berechtigter Interessen erfolgt ist (§ 193 StGB), sind auch internationale Interessen in Erwägung ... zu ziehen." Dazu *Dahm*, ebenda, S. 78 f.

[16] *Triepel*, aaO., S. 2, 272 usw.

[17] Dazu vgl. etwa *Mosler*, Application, S. 629 (verweisend auf Mestre); *Wengler*, VR I, S. 93 ff.; *Verdross*, VR, S. 112 ff.

[18] Dazu unten C.

[1] Hierzu vgl. etwa *Mosler*, Application, S. 628 ff.; *Dahm*, VR I, S. 55; *Berber*, VR I, S. 106 f.; *Guggenheim*, WVR² Bd. III, S. 656; *Partsch*, Bericht, S. 31 ff. (übereinstimmend die Mitglieder der Kommission, ebd., S. 31); *Usenko*, Arbeitsteilung, S. 121 f.

werden muß. Damit sind im Grunde genommen die Regeln gemeint, die Bestandteil des allgemeinen Völkergewohnheitsrechts sind[2].

Will man untersuchen, welche Stellung den allgemeinen Regeln im innerstaatlichen Rechtsraum zukommt, so muß man zunächst das hierfür dienende *Instrumentarium* (rechtstechnische Mittel, rechtstechnische Methoden, Verhältnis zueinander) nachprüfen. Zugleich dürfen aber der Inhalt, der Zweck und der besondere rechtliche Charakter dieser Regeln, so wie sie im völkerrechtlichen Bereich erscheinen und im innerstaatlichen unter gewissen Voraussetzungen in Erscheinung treten können, nicht unberücksichtigt bleiben. Diese Betrachtungsweise ist erforderlich, damit die Eigentümlichkeiten des Völkerrechts und des innerstaatlichen Rechts nicht übersehen werden und der festgestellte Zusammenhang und die Wechselwirkung zwischen den beiden „Rechtssphären" nicht verloren gehen.

2. Inhalt, Zweck und rechtlicher Charakter einer völkerrechtlichen Norm finden im Hinblick auf ihre innerstaatliche Stellung rechtsdogmatisch im „*self-executing*"-Begriff[3] ihren Ausdruck. Auf diesen Begriff, der aus den Vertragsnormen stammt, wird nur kurz und andeutungsweise eingegangen. Bekanntlich unterscheidet man zwischen Verträgen, die „self-executing" sind, und solchen, bei denen dies nicht der Fall ist. Diese Unterscheidung beruht vornehmlich auf dem Kriterium der Reife eines Vertrages oder — genauer — gewisser Vertragsbestimmungen, um im innerstaatlichen Bereich unmittelbar angewendet werden zu können, vorausgesetzt, daß der Vollzugsbefehl ergeht oder der Transformationsakt vorgenommen wird. Ist ein Vertrag demzufolge ohne jegliche Ergänzung seitens des Staates unmittelbar anwendungsreif, so ist er als „self-executing" anzusehen[4].

3. Man hat vorgeschlagen, diesen Begriff auf alle Völkerrechtsnormen, also auch auf die allgemeinen Regeln und insbesondere alle Normen des allgemeinen Völkergewohnheitsrechts zu übertragen[5]. Diesem Vorschlag kann aber — wie noch zu belegen sein wird — nicht zugestimmt werden.

---

[2] Dazu ausführlich unten C, V.

[3] Wie dieser Begriff in die deutsche Sprache zu übertragen ist, erscheint zweifelhaft. *Mosler* zieht in einem unveröffentlichten Schreiben vom 5. Februar 1967 vier Ausdrücke in Betracht: 1. Selbstvollziehbarkeit, 2. unmittelbare Anwendung, 3. Anwendungsfähigkeit und 4. Anwendungsreife. Nach einer kurzen und gründlichen Analyse räumt er dem Ausdruck „Anwendungsreife" den Vorzug ein. Dagegen entscheidet sich *Bleckmann* (Begriff und Kriterien) für den Ausdruck „innerstaatliche Anwendbarkeit".

[4] Dazu neuerdings vor allem und statt vieler die umfangreiche Arbeit von *Bleckmann*, aaO., insbesondere S. 49 ff. mit weiteren Nachweisen aus dem Schrifttum und der Rechtsprechung.

[5] So schon *Walz*, VR und stR, S. 274: „Man kann diesen Terminus („self-

Um das Problem der Übertragbarkeit des Begriffes „self-executing"
auf die allgemeinen Regeln behandeln zu können, bedarf es einer Hervorhebung der Eigentümlichkeiten, die diese Regeln haben. Da sie aus
der Staatenpraxis entstehen, erfahren sie keine schriftliche Niederlegung, und daher verfügen sie über keinen Text[6]. Dies hat zur Folge,
daß man sie oft nicht leicht feststellen und konkretisieren kann. Darüber hinaus weisen sie eine Allgemeinheit auf, welche den jeweiligen
Konsens der Völkergemeinschaft widerspiegelt[7]. All das sind Besonderheiten, die zunächst im völkerrechtlichen Raum erscheinen[8]. Sie können
sich aber auch für die innerstaatliche Stellung dieser Regeln als relevant erweisen.

Will man nun den Begriff „self-executing" auf die allgemeinen Regeln
übertragen, so muß man all diesen angedeuteten Besonderheiten Rechnung tragen. Dies kommt bei den Verfassern, die diesen Vorschlag gemacht haben, aber nicht deutlich zum Ausdruck. Abgesehen davon, daß
man sich schwer über die Kriterien der „self-executing"-Vertrags-
bestimmungen einigen kann[9] und daß die Heranziehung dieses Begriffs
nicht selten zum unzulässigen Hindernis der innerstaatlichen Anwendung einer Vertragsbestimmung werden kann[10], erweist sich dieser Begriff für die allgemeinen Regeln aus folgenden Gründen als ungeeignet[11]. Meistens tragen sie wegen ihrer Allgemeinheit einen „program-
matischen" Charakter. Ihre innerstaatliche Anwendung bereitet daher,
trotz ihrer Geltung, erhebliche Schwierigkeiten. Dieses Phänomen ist
dem innerstaatlichen Recht wohl bekannt. Diejenigen innerstaatlichen
Normen, die einer Ergänzung oder Konkretisierung bedürfen, um angewandt werden zu können, sind zahlreich. Das Problem ihrer norma-
tiven Kraft ist umstritten. Es ist anzunehmen, daß diese Normen, da
ihre Geltung nicht ernstlich in Frage gestellt werden kann, auch An-

---

executing") erweitert für unser ganzes Problem anwenden, indem man den
Begriff eines „self-executing" international law einführt und darunter eben
die Gesamtheit jener Völkerrechtsnormen versteht, ..." Vgl. ferner in diesem Sinne *Mosler*, Praxis, S. 38, verweisend auf S. 19; *Wengler*, VR I, S. 453:
„Dieser Terminus läßt sich natürlich auch für Sätze des Völkergewohnheitsrechts ... verwenden"; *Rudolf*, VR und dt Recht, S. 257 f.

[6] Vgl. aber zur Kodifizierung dieser Regeln und den daran anknüpfenden
Konsequenzen unten C, V, d und C, VI.

[7] Charakteristische Beispiele dazu sind etwa die Entwicklung des völkerrechtlichen Schutzes der Menschenrechte oder die Versuche, eine Humani-
sierung des Krieges zu erreichen.

[8] *Fragistas* (Les conflits, S. 373) etwa schreibt zu Recht: „Les règles
générales de droit international ne sont pas toujours claires et précises;
souvent elles sont plus ou moins vagues et obscures."

[9] Vgl. hierzu vor allem *Bleckmann*, aaO., insbesondere S. 49 ff.

[10] Je nach der Starrheit der Kriterien, die herangezogen werden.

[11] Mit Recht weist neuerdings *Salmon* (Le rôle) darauf hin, daß die Regeln
des allgemeinen VGR nur selten „self-executing"-Charakter aufweisen.

wendung finden müssen. Wie die Anwendung im einzelnen erfolgen soll, ist eine Frage, auf die hier nicht eingegangen werden kann[12]. Dies gilt analog für die allgemeinen Regeln des Völkerrechts, sofern sie innerstaatlich gelten. Sie bedürfen meistens der Ergänzung oder der Konkretisierung, die durch die Heranziehung schon bestehender innerstaatlicher Normen oder evtl. innerstaatlich geltender vertraglicher Normen vollzogen wird (vgl. C, III). Die Ergänzung und Konkretisierung der allgemeinen Regeln kann auch durch Erzeugung neuer Normen erfolgen. Ein solcher Vorgang erleichtert zweifelsohne die innerstaatliche Anwendung der allgemeinen Regeln. Der Mangel an solchen Normen[13] darf allerdings nicht als Hindernis der innerstaatlichen Anwendung geltender allgemeiner Regeln angesehen werden.

4. Diese Bemerkungen zeigen, daß die Übertragung des Begriffes „self-executing" auf die allgemeinen Regeln sehr problematisch ist. Davon ausgehend setzte sich Rudolf für eine „weitherzige" Auslegung dieses Begriffs ein[14]. Eine weitherzige Auslegung stellt eine Kompromißlösung dar und trägt den Realitäten Rechnung, indem sie dem Begriff „self-executing" die erforderliche Flexibilität verleiht. Trotzdem ist sie rechtsdogmatisch abzulehnen. Faßt man den Begriff weitherzig auf, so wird er zu unbestimmt. Darüber hinaus würde der Versuch einer solchen Auslegung daran scheitern, daß sich die Zahl der allgemeinen Regeln, die dann „self-executing" sein könnten, als gering erwiese, wobei freilich Reste dieses Begriffes übrig geblieben wären[15].

5. Daraus ergibt sich, daß es weder sinnvoll noch nützlich ist, hinsichtlich der allgemeinen Regeln auf dem Begriff „self-executing" zu

---

[12] Im übrigen werden die sich auf die Anwendung der allgemeinen Regeln im innerstaatlichen Bereich beziehenden Probleme nur am Rande dieser Arbeit behandelt.

[13] Ist dies der Fall, so läßt sich ein modus vivendi finden. So z. B. durch die Heranziehung immanenter Prinzipien der jeweils in Betracht kommenden innerstaatlichen Rechtsordnung. Diesen Prinzipien darf auch der Grundsatz der völkerrechtskonformen Auslegung zugerechnet werden. Wohl in diesem Sinne *Rudolf*, aaO., S. 258. Vgl. aber *Dahm*, Zur Problematik, S. 47 ff. Die Ausführungen Dahms beziehen sich aber nur auf die innerstaatliche Relevanz des Völkerstrafrechts.

[14] aaO., S. 258.

[15] *Bleckmann* (aaO., S. 108 f.) führt aus: „Natürlich wäre es sinnvoll und notwendig, auf der einen Seite alle Unterfälle der Anwendbarkeit, also auch etwa die Anwendbarkeit des allgemeinen Völkerrechts im Völkerrechtsraum oder die innerstaatliche Anwendbarkeit im völkerrechtlichen Sinne zu behandeln und auf der anderen Seite alle diese Unterfälle in einer allgemeinen Theorie der Anwendbarkeit zu verbinden. Eine so umfassende Theorie erscheint gegenwärtig noch nicht möglich, weil sie die Herausarbeitung der Probleme in den einzelnen Unterfällen voraussetzt." Bleckmann ist nicht zuzustimmen. Die Besonderheiten der allgemeinen Regeln und deren Unterschiede zu den Völkervertragsnormen lassen es zumindest gegenwärtig nicht zu, eine allgemeine Theorie des Begriffes „self-executing" zu entwickeln, auch wenn alle Unterfälle ausgearbeitet würden.

beharren. Vielmehr ist die Lösung der Frage nach der Relevanz des Inhaltes, des Zweckes und des rechtlichen Charakters dieser Regeln für ihre innerstaatliche Stellung anderweitig zu suchen. Im Schrifttum hat Dahm[16] dieses Problem ausführlich anhand von zahlreichen Beispielen zu erörtern versucht. Seine Ausführungen beziehen sich allerdings auf einen besonderen Fragenkomplex — die strafrechtliche Verantwortlichkeit der Einzelnen aufgrund von völkerrechtlichen Normen — und können nicht ohne weiteres verallgemeinert werden. Außerdem berühren sie die hier interessierende Problematik nur mittelbar. Bisher hat sich allein Doehring[17] damit systematisch befaßt.

Doehring unterscheidet zwischen allgemeinen Regeln, die a) nur zwischen Staaten anwendbar sind[18], b) sich im Bereich des Völkerrechts auf das Verhalten der Staaten zueinander beziehen und ohne Sinnveränderung der Inanspruchnahme durch das Individuum im innerstaatlichen Recht zugänglich sind[19], und c) im Völkerrecht als Individualrechte erzeugend anerkannt sind[20]. Die von Doehring vorgenommene Einteilung orientiert sich aber an der Bedeutung des Art. 25 GG für das völkerrechtliche Fremdenrecht[21]. Deshalb kann sie nicht ohne weiteres allgemeine Geltung in Anspruch nehmen. Doehrings Verdienst ist, daß er die allgemeinen Regeln aufgrund ihres Inhaltes, ihres Zweckes und ihres rechtlichen Charakters eingeteilt hat[22].

Doehrings Einteilung weist bereits darauf hin, welches Kriterium ihr zugrunde liegt: Die Erzeugung von Individualrechten aus den innerstaatlich geltenden allgemeinen Regeln. Dieses Kriterium ist für die von Doehring behandelte Problematik gerechtfertigt. Aber auch er nimmt an, daß diese Regeln, wenn sie nicht Individualrechte erzeugen, in einem Rechtsstreit vor nationalen Gerichten als Vorfrage gemäß

---

[16] Zur Problematik, insbesondere S. 47 ff.

[17] Die allgemeinen Regeln, insbesondere S. 155 ff.

[18] aaO., S. 155 f.

[19] Ebd., S. 156 f.

[20] Ebd., S. 157 f.

[21] Dies geht eindeutig aus dem Text selbst hervor; ebd., S. 153 ff.

[22] Zu Recht schreibt *Doehring* (aaO., S. 158): „Diese, wie angezeigt, notwendige dreifache Unterscheidung wird im allgemeinen nicht erwähnt oder nicht gesehen. Im allgemeinen wird nur darauf hingewiesen, daß es völkerrechtliche Regeln gebe, die nur für das Zusammenwirken der Staaten gelten, und solche, die auch den Schutz des Individuums zum Gegenstand haben." Weitere Hinweise vgl. ebd., Fußn. 525.
Rudolf (aaO., S. 258), der im übrigen auf dem „self-executing"-Begriff besteht, schreibt freilich im Anschluß an *Mosler* (Praxis, S. 19 ff.): „Transformabel sind nur solche Normen des allgemeinen Gewohnheitsvölkerrechts, die nicht nur den Staat als Völkerrechtssubjekt verpflichten, sondern auch Rechtswirkungen im Innenbereich der Bundesrepublik Deutschland intendieren und unmittelbar anwendungsfähig sind."

Art. 25 Satz 1 GG durchaus von Bedeutung sein können[23]. Diese Feststellung ist für die weiteren Ausführungen entscheidend.

6. Ist die Geltung allgemeiner Regeln des Völkerrechts innerstaatlich geregelt, so sind diese Regeln als eine *besondere* Rechtsmasse im innerstaatlichen Bereich anzusehen. Sie stellen innerhalb des innerstaatlichen Bereichs objektives Recht dar, m. a. W. sind sie als geltendes Recht zu beachten. Ob nun daraus subjektive Rechte (Individualrechte) herzuleiten sind, kann zunächst dahingestellt bleiben.

Zieht man ausschließlich den rechtlichen Charakter dieser Regeln in Betracht, um sie im Hinblick auf ihre innerstaatliche Stellung unterscheiden zu können, so stellt man fest, daß sich das lediglich auf den Charakter beziehende Kriterium als dazu ungeeignet erweist. Zwar ist der Charakter bei allen diesen Regeln nicht immer gleich, und eine auf ihm beruhende Unterscheidung wäre durchaus möglich. Die anzutreffenden Unterschiede sind aber für das hier zu erörternde Problem nicht entscheidend.

Eine zutreffende Unterscheidung kann dagegen nur aufgrund des Inhaltes und Zweckes vorgenommen werden. Selbst ein oberflächlicher Blick zeigt, daß die allgemeinen Regeln des Völkerrechts — gemessen am Maßstab des Inhaltes und Zweckes[24] — genügend differenzieren. Dieser Maßstab ist darin zu sehen, daß diese Regeln jeweils in verschiedener Intensität nach innerstaatlichen Rechtswirkungen streben und tatsächlich, unter gewissen Voraussetzungen, entfalten.

Daß jede allgemeine Regel verschiedene Rechtswirkungen im innerstaatlichen Bereich intendiert, läßt sich kurz anhand einiger charakteristischer Beispiele erläutern: Die im Völkerrecht anerkannten Grundrechte der Staaten[25] streben in der Regel nicht oder nur entfernt innerstaatliche Rechtswirkungen an. Es kann nämlich vorkommen, daß diese im Zusammenhang mit anderen allgemeinen Regeln innerhalb des innerstaatlichen Rechtsraums in den Vordergrund gelangen[26]. Dann sind aber die Wirkungen eben mittelbar und machen sich kaum bemerkbar.

---

[23] aaO., S. 156.

[24] Wird hier vom Inhalt *und* Zweck gesprochen, so ist dies eine Art Tautologie: der Zweck ist jeweils aus dem Inhalt einer allgemeinen Regel zu ermitteln.

[25] Dazu vgl. etwa *Scupin*, WVR[2] Bd. I, S. 723 ff.

[26] So ist etwa in bezug auf Immunitätsfälle oft vom Grundsatz der souveränen Gleichheit der Staaten (Art. 2, 1 der UNO-Charta) die Rede. Vgl. LG Athen 7630/1960, EEN 1961, S. 153 ff.; LG Thessaloniki 570/1963, Armenopulos 1963, S. 208 ff.; LG Athen 26534/1967, N.B. 1968, S. 282 f.; Trib 1re Inst. Léopoldville, 14 octobre 1955, JT 1956, S. 292 ff. Die Beispiele ließen sich leicht vermehren.

Anders ist aber das Problem bei jenen allgemeinen Regeln zu entscheiden, die sich etwa auf die Exterritorialität der Staaten und deren
diplomatischer Vertreter oder die occupatio bellica beziehen[27]. Bei diesen zeigt sich eindeutig, daß die innerstaatlich intendierten Wirkungen
durchaus maßgeblich sind. Man könnte wohl sagen, daß diese einen
Kernbestandteil der entsprechenden Regeln ausmachen. Sie geben oft
den Ausschlag für die Entscheidung einer oder mehrerer mit einem
Rechtsstreit zusammenhängenden Vorfragen. Die Bedeutung dieser
Regeln für die Beurteilung der Hauptfrage ist selbst dann durchaus
wichtig; denn es ist bekannt, um eine Analogie aus dem innerstaatlichen Recht in Betracht zu ziehen, welche große Rolle die Lösung von
prozessualen Fragen für die daran anschließende Lösung materiellrechtlicher Fragen spielt[28].

Sofern dem Völkerrecht individualgerichtet allgemeine Regeln[29] zuzurechnen sind, können — mit der Verschaffung innerstaatlicher Geltung —- daraus subjektive Rechte abgeleitet und darüber hinaus geltend gemacht werden. Bei solchen Regeln liegen die innerstaatlichen
Rechtswirkungen offen zutage. Für das innerstaatliche Recht sind sie
durchaus relevant.

7. Zusammenfassend läßt sich folgendes feststellen: Als Kriterium
zur Unterscheidung der allgemeinen Regeln des Völkerrechts hinsichtlich ihrer innerstaatlichen Stellung kann nur ihr Inhalt und ihr Zweck
dienen. Inhalt und Zweck sollen anhand der innerstaatlich intendierten
Rechtswirkungen untersucht werden. Dieses Kriterium führt zur folgenden Einteilung: Einerseits gibt es allgemeine Regeln, die unmittelbar im innerstaatlichen Bereich Rechtswirkungen intendieren; dazu gehören individualgerichtete und nicht individualgerichtete Regeln. All
diese Regeln sind für das innerstaatliche Recht durchaus relevant.
Andererseits gibt es allgemeine Regeln, die nur mittelbar innerstaatliche Rechtswirkungen anstreben. Für das innerstaatliche Recht sind
sie von sekundärer Bedeutung.

---

[27] Diese Regeln haben am häufigsten in den drei zu untersuchenden
Rechtsordnungen (BRD, Belgien, Griechenland) Anwendung erfahren.

[28] Das Bundesverfassungsgericht stimmt den obigen Ausführungen im
Ergebnis zu: „Vorlagen nach Art. 100 Abs. 2 GG sind auch dann zulässig,
wenn die völkerrechtliche Regel ihrem Inhalt nach nicht geeignet ist, unmittelbar Rechte und Pflichten für den Einzelnen zu erzeugen, sondern sich
nur an die Staaten und ihre Organe wendet." (BVerfGE, Bd. 15, S. 33). Im
übrigen ist auch der Wortlaut des Art. 25 GG in diesem Sinne zu verstehen:
„Die allgemeinen Regeln sind Bestandteil des Bundesrechtes."

[29] z. B. Regeln, die sich auf den Mindeststandard der Menschenrechte oder
auf das sog. humanitäre Kriegsrecht beziehen.

C. Das innerstaatliche Recht
und die allgemeinen Regeln des Völkerrechts

I. Zur Stellung der allgemeinen Regeln
des Völkerrechts im innerstaatlichen Recht

1. Die Rechtserfahrung in allen Staaten zeigt, daß die innerstaatlichen Rechtsanwendungsorgane die allgemeinen Regeln des Völkerrechts anwenden, wenn es bei ihren Entscheidungen in einer bestimmten Rechtssache auf sie ankommt. Dies trifft für Gerichte ebenso wie für Verwaltungsorgane zu. Demgegenüber haben die gesetzgeberischen Organe ihre Tätigkeit oft in einem Ausmaß, das von Fall zu Fall variiert, den allgemeinen Regeln anzupassen. Da die Anwendung einer Rechtsnorm innerhalb einer gewissen Rechtsordnung ihre Geltung voraussetzt, stellt sich die Frage nach der rechtlichen Grundlage dieses Vorgangs.

2. Es ist zunächst zu prüfen, ob das Völkerrecht vom innerstaatlichen Recht die Geltung seiner Gebote bzw. Verbote ohne Einschaltung eines staatlichen Hoheitsaktes verlangt; m. a. W., ob insbesondere die allgemeinen Regeln für die Rechtsanwendungsorgane und die Rechtsunterworfenen einer innerstaatlichen Rechtsordnung ausschließlich kraft Völkerrechts als bindend anzusehen sind[1, 2]. Das Völkerrecht interessiert sich freilich dafür, daß seine Gebote bzw. Verbote innerstaatlich durchgeführt werden. Wie dies aber geschehen soll, sagt das Völkerrecht nicht. Es überläßt vielmehr diese Durchführung den Staaten, die ihrer-

---

[1] Ähnlich hat sich die Frage vor der 1. Studienkommission der Deutschen Gesellschaft für Völkerrecht gestellt: „Gibt es nach dem gegenwärtigen Entwicklungsstande eine allgemeine Regel des Völkerrechts, daß auf Verträgen oder allgemeinem Völkerrecht beruhende Völkerrechtsgebote ohne Einschaltung eines innerstaatlichen Hoheitsaktes von innerstaatlichen Rechtsanwendungsorganen und Rechtsunterworfenen zu befolgen sind?"; vgl. *Partsch*, Bericht, S. 4, 31. Ähnlich *Fragistas*, Les conflits, S. 362: „les tribunaux nationaux doivent-ils, ipso facto et sans aucune intervention de l'ordre juridique interne, appliquer les normes respectives de droit international?" Da nicht nur Gerichte zuständig sind, die allgemeinen Regeln auszulegen und anschließend anzuwenden, ist die Formulierung der vor der Kommission gestellten Frage zutreffender.

[2] Hierzu vgl. *Walz*, VR und stR, S. 274; *de Visscher*, Les tendances, S. 522 f.; *Dahm*, Zur Problematik, S. 68; *ders.*, VR I, S. 55 ff.; *Mosler*, Application, S. 631; *Berber*, VR I, S. 106 f.; *Partsch*, aaO., S. 31 ff.; *Verdross*, VR, S. 111 f., 116; *Fragistas*, aaO., S. 362 f.; *Lewin*, Drei Beiträge, S. 161.

seits dafür die erforderlichen Vorkehrungen zu treffen haben[3]. Partsch[4] bemerkt richtig hierzu, daß die Aussage des Ständigen Internationalen Gerichtshofes in seinem Gutachten über den griechisch-türkischen Bevölkerungsaustausch „... un Etat qui a valablement contracté des obligations internationales est tenu d'apporter à sa législation les modifications nécessaires pour assurer l'exécution des engagements pris"[5] den geltenden Rechtszustand wiedergeben und nicht durch die Entwicklung überholt sein dürfte[6].

Aus dem allgemeinen Völkerrecht ist also keine Regel zu entnehmen, gemäß der die allgemeinen Regeln im innerstaatlichen Bereich ohne Intervention des Staates, d. h. automatisch, gelten sollten.

Fragistas[7] hat jedoch neuerdings in seinem zusammenfassenden Bericht[8] die Meinung vertreten, die allgemeinen Regeln gelten im innerstaatlichen Rechtsraum automatisch, obwohl das Völkerrecht die Entscheidung über seine innerstaatliche Verbindlichkeit dem nationalen Recht überläßt. Ein acte spécial de l'ordre juridique national sei konsequenterweise nicht erforderlich. Fragistas beruft sich zur Begründung dieser These auf die Rechtspraxis einer Reihe von Staaten, bei denen „les règles générales de droit international qui s'adressent aux sujets du litige doivent être appliquées automatiquement par les tribunaux nationaux"[9]. Diese Begründung läßt sich widerlegen, da Grundlage der Geltung und Anwendung der allgemeinen Regeln eine Norm des ungeschriebenen Rechts (Gewohnheiten, Rechtsprechung) sein kann und tatsächlich, wie noch zu zeigen sein wird, auch ist[10]. Dies dürfte auch die Meinung von Fragistas wiedergeben. An anderer Stelle führt er aus, daß in den meisten Staaten, in denen es an Normen des geschriebenen

---

[3] In diesem Sinne *Walz*, aaO., S. 274; *de Visscher*, aaO., S. 522 f.; *Dahm*, Zur Problematik, S. 68; *ders.*, VR I, S. 55 ff.; *Mosler*, aaO., S. 631; *Berber*, VR I, S. 106 f.; *Seidl-Hohenveldern*, Transformation, S. 90; *Partsch*, aaO., S. 25, 31 ff. (übereinstimmend die Mitglieder der Kommission, ebd., S. 31); *Fragistas*, aaO., S. 362. Vgl. aber gleich unten die Ausnahmen, die geltend gemacht werden.

[4] aaO., S. 32.

[5] Zwar bezieht sich diese Aussage auf Verträge, doch läßt sie sich auch auf allgemeine Regeln übertragen. So zutreffend *Fragistas*, aaO., S. 362: „mais il est hors de doute qu'une obligation pareille doit être aussi admise en ce qui concerne les coutumes de droit international."

[6] Weitere charakteristische Beispiele hierfür aus der internationalen Praxis und insbesondere der völkerrechtlichen Rechtsprechung vgl. bei *Berber*, aaO., S. 107, und *Marek*, Droit International et Droit Interne, S. 112 ff.

[7] aaO., S. 362; in diesem Sinne schon etwa *Verdross*, VR, S. 117.

[8] Über das Thema: „Les conflits de la loi nationale avec les traités internationaux" (7. internationaler Kongreß für Rechtsvergleichung, Uppsala, 6.—13. August 1966).

[9] Ebd., S. 362.

[10] Dazu ausführlich C, II, c.

Rechts fehle, die Anwendung auf einer Norm des innerstaatlichen Gewohnheitsrechts beruhe[11]. Wenn also keine Bestimmung des geschriebenen Rechts die innerstaatliche Stellung der allgemeinen Regeln vorschreibt, erfolgt sie grundsätzlich durch gewohnheitsrechtliche Normen und nicht automatisch, d. h. ohne Einschaltung eines hoheitlichen Staatsaktes[12].

3. Nach dieser Feststellung taucht die Frage auf, ob ausnahmsweise einige Völkerrechtsgebote bzw. -verbote zu ihrer innerstaatlichen Geltung nicht der Einschaltung des Staates bedürfen[13]. Vor der 1. Studienkommission der Deutschen Gesellschaft für Völkerrecht wurde behauptet, es gäbe einzelne Völkerrechtsgebote bzw. -verbote, bei denen besondere Umstände eine unmittelbare Anwendung rechtfertigten[14].

Diese Umstände sollten entweder aus dem Gegenstand, auf den sich einige Völkerrechtsregeln beziehen, und aus der Natur der Sache[15] oder sogar aus einem allgemeinen Gerechtigkeitsgebot entnommen werden[16, 17]. Dieser Gedanke ist allerdings nicht neu. Oft trifft man im Schrifttum Äußerungen an, die geltend machen, das Völkerrecht sei nicht immer „tolerant"[18], sondern verlange vom Staate, daß gewisse

---

[11] aaO., S. 372: "Cette reconnaissance repose, dans la plupart des Etats, sur une règle coutumière de droit interne."

[12] In diesem Sinne etwa de Visscher, aaO., S. 526 f. Von der diesbezüglichen Rechtslage in Belgien und Griechenland wird später (C, II, c) die Rede sein; vgl. des weiteren für die Niederlande Erades-Gould, International Law and Municipal Law, S. 226 ff., und insbesondere S. 232: "In other words, judicial practice crystalised into a rule of customary law enabling the Netherlands courts to apply all rules of customary international law."

[13] Vgl. die vor der Kommission gestellten Frage bei Partsch, aaO., S. 4, 34 im Zusammenhang mit der Frage I, 1 (siehe gleich oben Fußn. 1).

[14] Partsch, aaO., S. 34 ff.; dabei wird offensichtlich verkannt, daß die Anwendung die Geltung voraussetzt (dazu vgl. C, III).

[15] Partsch, aaO., S. 34 f.; es handelt sich um Völkerrechtsnormen über die Abgrenzung der staatlichen Wirkungsbereiche, die von staatlichen Instanzen auch ohne Einschaltung eines staatlichen Hoheitsaktes zu befolgen wären; Beispiele ebd.

[16] Partsch, aaO., S. 35 f.

[17] Hinzu werden noch zwei Gruppen erwähnt. In eine Gruppe (a) sollten Gebote des allgemeinen VR eingegliedert werden, die sich auf einen Raum beziehen, welcher der staatlichen Gebietshoheit nicht unterliegt (Partsch, aaO., S. 34). Diese Regeln berühren jedoch die hier angeschnittene Problematik nur mittelbar, weil es sich bei ihnen um Tätigkeit von Staatsorganen kraft völkerrechtlicher Vollmacht handelt; sie können daher im folgenden dahingestellt bleiben. Zu einer anderen Gruppe (c) sollten Gebote gerechnet werden, die unmittelbar gelten, da sie auf Abtretung von Hoheitsrechten beruhen (ebd., S. 35). Hier geht es wiederum um eine besondere Problematik, auf die im Rahmen dieser Arbeit nicht eingegangen werden kann. Außerdem gehören diese Gebote nicht dem allgemeinen Völkerrecht an.

[18] Nach Dahm, VR I, S. 57.

völkerrechtliche Gebote unmittelbar, also automatisch, in seinem Geltungsbereich zur Anwendung kommen[19].

Aus dem Bericht von Partsch ist nicht leicht zu entnehmen, welche Stellung die Mitglieder der Kommission dazu eingenommen haben. Obwohl in bezug auf einzelne Punkte einige Mitglieder Bedenken geäußert haben[20], scheint die Mehrheit im wesentlichen den Gedanken zu billigen, daß manche allgemeinen Regeln automatisch im innerstaatlichen Rechtsraum gelten sollen. Welche diese Regeln sind, bleibt allerdings unerörtert[21].

Das Völkerrecht verlangt von den Staaten nicht die automatische Geltung seiner Gebote[22]. Die Kriterien des Gegenstandes und der Natur einer allgemeinen Regel oder eines „allgemeinen Gerechtigkeitsgebotes" sind vage und lassen sich nur schwer — wenn überhaupt — konkretisieren. Sie stellen Elemente dar, die dazu führen, daß gewisse allgemeine Regeln heftiger zum innerstaatlichen Recht dringen und die Staaten zwingen, die erforderlichen Maßnahmen zu treffen, um diesen Regeln innerstaatliche Geltung und Anwendung einzuräumen[23]. Der Unterschied zwischen diesen beiden Auffassungen ist sicher nicht sehr groß. Daß aber die zweite die Rechtspraxis der Staaten wiedergibt und sich mit dem geltenden Recht vereinbaren läßt, braucht nicht besonders hervorgehoben zu werden.

4. Somit wurde festgestellt, daß das Völkerrecht von den Staaten lediglich verlangt, daß sie die völkerrechtlichen Normen und insbeson-

---

[19] Vgl. etwa *Dahm*, Zur Problematik, S. 68: „Eine Ausnahme hat nur für die völkerrechtlichen Normen zu gelten, die sich über die Köpfe der Regierungen und Staaten hinweg unmittelbar an den Einzelnen wenden. Im Wesen solcher Normen allerdings ist es enthalten, daß sie den Einzelnen mit unmittelbarer Wirkung verpflichten. Insoweit ist also das nationale Recht gar nicht imstande, dem Völkerrecht den Eintritt in seinen Rechtsbereich zu verwehren"; *ders.* (VR I, S. 57) wiederholt den gleichen Gedanken in einer allgemeinen Art und Weise. Ähnlich *Verdross* (VR, S. 112): „Selbst *einzelne* Normen des VGR sind *unmittelbar* für Einzelmenschen verbindlich, woraus wir ersehen, daß auch Einzelmenschen *völkerrechtsunmittelbar* sein *können*." Das Problem beschränkt sich aber nicht nur auf Regeln, die sich an den Einzelnen wenden, sondern muß alle allgemeinen Regeln umfassen.

[20] So *Strebel* und *Scheuner*, aaO., S. 35.

[21] *Partsch*, aaO., S. 34 ff.; zwar nennt er als Beispiele das Verbot des Angriffskrieges oder von Kriegsverbrechen oder das Verbot von Verbrechen gegen die Menschlichkeit (ebd., S. 35). Dogmatisch sollte man aber Kriterien entwickeln und aufzeigen, die bei Vorhandensein zu einer automatischen Geltung allgemeiner Regeln führen würden. Dafür wäre eine ausführliche Analyse der Staatenpraxis erforderlich, die sicherlich im Rahmen der Arbeiten der Kommission nicht bewältigt werden konnte.

[22] Vgl. aber *Dahm* und *Verdross* (gleich oben, Fußn. 19).

[23] In diesem Sinne *Mosler*, Application, S. 631: „Il existe même certaine normes qui, dès maintenant, ont un *effet* immédiat dans le droit interne." (Hervorhebung vom Verf.)

dere die allgemeinen Regeln in ihrem Geltungsbereich beachten. Auf welche Art und Weise die Staaten dies verwirklichen, bleibt grundsätzlich ihnen überlassen. Dabei darf die Möglichkeit nicht ausgeschlossen werden, daß die Staaten ihre Rechtsordnungen nicht oder nur unvollkommen ausgestalten, um den allgemeinen Regeln des Völkerrechts innerstaatliche Geltung einzuräumen. Doch erweist sich diese Möglichkeit vorwiegend als theoretisch. Die Rechtspraxis der Staaten spricht eindeutig gegen diese Möglichkeit, was durch die hier in Betracht kommenden Rechtsordnungen überzeugend bewiesen wird[24]. Diese Tatsache ist auf den erwähnten Zusammenhang und die Wechselwirkung zwischen Völkerrecht und innerstaatlichem Recht zurückzuführen.

Die Stellung der allgemeinen Regeln im innerstaatlichen Bereich bestimmt grundsätzlich das innerstaatliche Recht. Dazu verwenden die Staaten ein *Instrumentarium*. Dieses besteht aus *rechtstechnischen Mitteln* und zugleich aus *rechtstechnischen Methoden*, die zur Artikulierung und Aktualisierung der Mittel angewandt werden. Das Verhältnis, in dem diese beiden zueinander stehen, ermittelt jeweils in concreto die Stellung dieser Regeln im innerstaatlichen Rechtsraum[25]. Damit befassen sich die drei folgenden Abschnitte[26]. Vorweggeschickt wird eine graphische Darstellung des Instrumentariums in der BRD, in Griechenland und Belgien.

---

[24] Zwar kommt es vor, daß trotz der innerstaatlichen Geltung eine allgemeine Regel mißachtet wird. Dies mag aber auch mit einer Norm des innerstaatlichen Rechts geschehen. Ein ausgesprochen gutes Beispiel dafür ist dem griechischen Recht zu entnehmen. Das Verbot der Folter, wie es das VR vorsieht, hat in Griechenland gemäß Art. 13 der Verfassung von 1952 bzw. Art. 8 der Verfassung von 1968 ohne jegliche Unterbrechung gegolten. Dennoch wurde es und das entsprechende rein innerstaatliche Verbot seit dem 21. April 1967 häufiger verletzt, wie der Bericht der Europäischen Menschenrechtskommission zum Falle Griechenlands überzeugend darlegt. Ähliche Beispiele ließen sich leicht für die nationalsozialistische Zeit in Deutschland erbringen.

[25] Dieses Schema, wie schon in der Einleitung erwähnt wurde, läßt sich auf die Völkervertragsnormen übertragen. Dabei ist natürlich ihren Besonderheiten Rechnung zu tragen.

[26] C, II—IV.

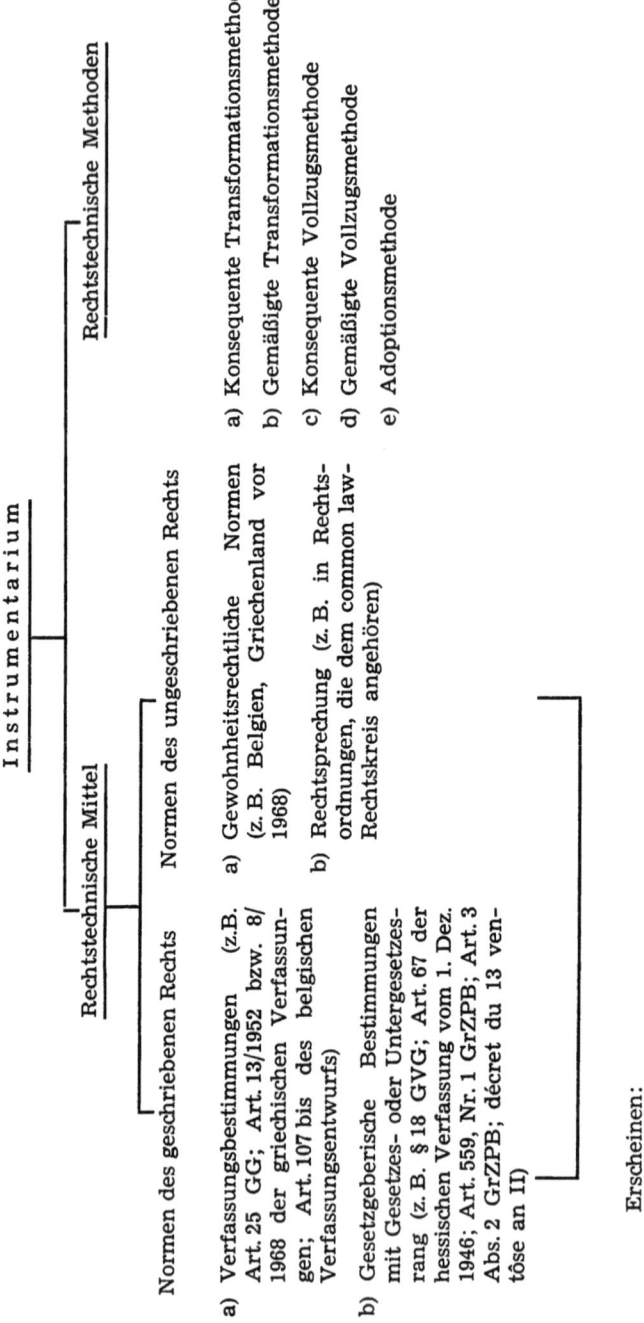

Instrumentarium

Rechtstechnische Mittel

Normen des geschriebenen Rechts

a) Verfassungsbestimmungen (z.B. Art. 25 GG; Art. 13/1952 bzw. 8/1968 der griechischen Verfassungen; Art. 107bis des belgischen Verfassungsentwurfs)

b) Gesetzgeberische Bestimmungen mit Gesetzes- oder Untergesetzesrang (z.B. § 18 GVG; Art. 67 der hessischen Verfassung vom 1. Dez. 1946; Art. 559, Nr. 1 GrZPB; Art. 3 Abs. 2 GrZPB; décret du 13 ventôse an II)

Normen des ungeschriebenen Rechts

a) Gewohnheitsrechtliche Normen (z.B. Belgien, Griechenland vor 1968)

b) Rechtsprechung (z.B. in Rechtsordnungen, die dem common law-Rechtskreis angehören)

Rechtstechnische Methoden

a) Konsequente Transformationsmethode

b) Gemäßigte Transformationsmethode

c) Konsequente Vollzugsmethode

d) Gemäßigte Vollzugsmethode

e) Adoptionsmethode

Erscheinen:

a) in der Form einer Generalklausel (z.B. Art. 25 GG; Art. 559, Nr. 1 GrZPB; Gewohnheitsrechtliches Gebot in Belgien, Art. 107bis des Verfassungsentwurfes), und

b) in der Form einer Spezialklausel (z.B. § 18 GVG; Art. 13/1952 bzw. 8/1968 der griechischen Verfassungen; Art. 3 Abs. 2 GrZPB; décret du 13 ventôse an II).

II. Rechtstechnische Mittel

1. Zur Regelung der Stellung der allgemeinen Regeln des Völkerrechts im innerstaatlichen Bereich verwenden die Staaten zunächst *„rechtstechnische Mittel"*. Unter diesem Begriff werden rechtliche Normen verstanden, deren Zweck und Funktion es ist, die Stellung der Völkerrechtsnormen, und insbesondere der allgemeinen Regeln, im Rahmen einer innerstaatlichen Rechtsordnung vorzuschreiben. Auf dieses Verfahren wurde schon im Schrifttum — allerdings nicht sehr systematisch — hingewiesen[1].

2. Die rechtstechnischen Mittel sind in Normen des geschriebenen oder des ungeschriebenen Rechts enthalten. Zu den ersteren gehören Verfassungsbestimmungen und gesetzgeberische Bestimmungen mit Gesetzes- oder Untergesetzesrang (z. B. Verordnungen), während den zweiten gewohnheitsrechtliche Normen und unter Umständen die Rechtsprechung zugerechnet werden müssen[2]. Die Mittel können im übrigen in zwei Formen erscheinen. Einerseits in der Form einer Generalklausel, wobei dann die Stellung der allgemeinen Regeln in ihrer Gesamtheit innerstaatlich geregelt wird, und andererseits in der Form einer Spezialklausel; dabei geschieht dies stückweise oder individuell[3].

Darüber hinaus kann die Regelung der Stellung der allgemeinen Regeln innerhalb einer bestimmten innerstaatlichen Rechtsordnung durch mehrere rechtstechnische Mittel erfolgen. Die Rechtserfahrung bestätigt dies. Somit taucht die Frage auf, in welchem Verhältnis jeweils die Mittel zueinanderstehen. Denkbar ist, daß sie entweder

---

[1] Vgl. dazu *de Visscher*, Les tendances, S. 522 f.; *Mosler*, Application, S. 635 ff.; *Dahm*, VR I, S. 55; *Berber*, VR I, S. 107; *La Pergola*, Constitutione, S. 103 ff.; *Guggenheim*, WVR² Bd. III, S. 656 f.; *Seidl-Hohenveldern*, Transformation, S. 89 ff.; *Partsch*, Bericht, S. 38 ff.; *Verdross*, VR, S. 117; *Wengler*, VR I, S. 442 ff.; *Fragistas*, Les conflits, S. 362. Die Rede ist etwa von „Technik" (so Dahm, La Pergola), „Verfahren" (so de Visscher, ebd., S. 523; Seidl-Hohenveldern, ebd., S. 90; Partsch, ebd., S. 39; Wengler, ebd., S. 442), „Wege" (so Dahm, Partsch, S. 40), „Methode" (so Berber und Wengler, S. 443; gemäß seiner Konzeption heißt es: „Methode zur Bildung parallelen Landesrechts"), „Vorkehrungen" (Partsch, S. 39). Diese Formulierungen sind aber nicht immer glücklich. Berücksichtigt man den Zusammenhang, in dem sie angeführt werden, so sieht man, daß manche oft zur Verwirrung führen können.

[2] Vgl. etwa *Doehring*, Die allgemeinen Regeln, S. 138 f.: „Ob der einzelne Staat sich dazu des Mittels der Verfassung, der Gesetzgebung, des Verordnungsrechts oder, etwa im Sinne des case law, der Gerichtsbarkeit bedient, ist für das Völkerrecht ebenso irrelevant, ..."

[3] In diesem Sinne etwa *Dahm*, VR I, S. 55; *Guggenheim*, aaO., S. 656; *Verdross*, VR, S. 116 ff. Eigentlich kommt es, im Gegensatz zu den Völkervertragsnormen, fast nie vor, daß eine einzige allgemeine Regel durch ein rechtstechnisches Mittel geregelt wird. In der Praxis wird die Stellung eines Normenbündels solcher Regeln durch ein Mittel gesichert.

kumulativ gelten oder auch in Konkurrenz treten. Welches Mittel dann den Ausschlag gibt, ist durch Auslegung anhand von Inhalt, Rang usw. zu ermitteln.

a) Verfassungsbestimmungen

3. Art. 4 WV[4] ist die erste schriftlich niedergelegte Verfassungsvorschrift, die sich mit der innerstaatlichen Stellung der allgemeinen Regeln befaßt[5]. Insofern stellt sie eine Neuerung und zugleich den Anfang einer Entwicklung dar, die die Tendenz aufweist, die Stellung dieser Regeln im Bereich des innerstaatlichen Rechts durch Verfassungsbestimmungen vorzuschreiben[6]. Diese Entwicklung läßt eine gewisse Verbreitung, insbesondere nach dem zweiten Weltkrieg, erkennen, die nicht nur auf westeuropäische Staaten beschränkt bleibt[7].

Nicht alle Verfassungsbestimmungen, die sich auf das allgemeine Völkerrecht beziehen, sind aber als relevant für die hier zu erörternde Problematik anzusehen. Es lassen sich solche antreffen, die für die innerstaatliche Stellung der allgemeinen Regeln freilich von mittelbarer Bedeutung sind[8]. Außerdem weist diese Entwicklung in ihrer jeweiligen

---

[4] Er lautete: „Die allgemein anerkannten Regeln des Völkerrechts gelten als bindende Bestandteile des deutschen Reichsrechtes." Dazu vgl. vor allem *Anschütz*, Die Verfassung des Deutschen Reiches, Kommentar, S. 58 ff.; *Walz*, VR und stR, S. 296 ff.; *Mohr*, Transformation, S. 17 ff.

[5] Vgl. etwa *Verdross*, VR, S. 115 f.; *Rudolf*, VR und dt Recht, S. 240 f., mit weiteren Nachweisen.

[6] Vgl. *Rudolf*, aaO., S. 241.

[7] Dazu vgl. etwa *Menzel*, Bonner Kommentar, Art. 25, III, B; *de Visscher*, aaO., S. 529 f.; *Mosler*, Application, S. 637; *ders.*, Gewährleistung, S. 161 ff.; *Seidl-Hohenveldern*, Transformation, S. 90 f.; *Verdross*, VR, S. 115 f.; *Rudolf*, aaO., S. 241 f.; *van Bogaert*, Les antinomies, S. 351 f. Im angeführten Schrifttum sind alle relevanten Vorschriften mit Nachweisen zu finden. Vgl. ferner neuerdings Art. 5 (1) der Verfassung (Süd-)Vietnams von 1968: „The Republic of Viet Nam shall comply with those provisions of international law which are not contrary to its national sovereignty and the principle of equality between nations", in: JÖR, N.F., Bd. 19 (1970), S. 578; Art. 8 (1), S. 1 der Verfassung der DDR vom 6. April 1968: „Die allgemein anerkannten, dem Frieden und der friedlichen Zusammenarbeit der Völker dienenden Regeln des Völkerrechts sind für die Staatsmacht und jeden Bürger verbindlich." Dazu siehe Verfassung der DDR, Dokumente-Kommentar, Bd. I, S. 308 ff.

[8] Dies wird oft im Schrifttum übersehen. Sinn und Zweck einer solchen Vorschrift ist aus dem Wortlaut selbst, aus dem Zusammenhang, in dem sie sich im Verfassungstext befindet usw., zu entnehmen. Hierbei unterscheidet *Mosler* (Gewährleistung, S. 162) zwischen Normen, a) die Bekenntnisse zur internationalen Gemeinschaft und zum Völkerrecht in den Präambeln der Verfassungsurkunden darstellen und b) solchen, die Leitsätze im dispositiven Teil der Verfassungsurkunden enthalten und die Einordnung des Staates in die internationale Gemeinschaft proklamieren und den Staatsorganen die Beachtung des Völkerrechts im auswärtigen Verkehr und im Innern des Staates zur Pflicht machen.

Artikulierung oft weitgehende Unterschiede auf[9]. Hervorzuheben ist noch, daß eine ähnliche Regelung in mehreren Staaten Zuspruch gefunden hat[10].

Hinsichtlich der in Betracht kommenden Rechtsordnungen ist zunächst anzumerken, daß die deutsche eine Verfassungsbestimmung in der Form einer Generalklausel (Art. 25 GG) und die griechische in der Form einer Spezialklausel (Art. 13/1952 bzw. Art. 8/1968) kennen. Dagegen sind bis jetzt derartige Klauseln der belgischen Rechtsordnung fremd geblieben.

4. Art. 25 GG lautet: „Die allgemeinen Regeln des Völkerrechts sind Bestandteil des Bundesrechts. Sie gehen den Gesetzen vor und erzeugen Rechte und Pflichten unmittelbar für die Bewohner des Bundesgebietes[11]." Auf die Probleme, die er aufwirft, wird jeweils an der geeigneten Stelle eingegangen. Zu dieser Bestimmung ist hier nur folgendes zu sagen: Es besteht Einigkeit darüber, daß Art. 25 GG eine Generalklausel einführt, welche die innerstaatliche Stellung der allgemeinen Regeln in ihrem jeweiligen Bestand, Inhalt und Tragweite innerhalb des Geltungsbereiches des deutschen Rechtes regelt.

Entsteht eine neue Regel, so wird sie ohne weiteres vom Art. 25 erfaßt[12]. Anzuführen sind die Bezeichnungen, die Menzel bei der Kommentierung dieser Bestimmung verwendet, da sie beispielhaft sind und Verbreitung sowie Zustimmung im Schrifttum erfahren haben. Nach Menzel[13] trägt der vom Art. 25 GG vorgesehene Vorgang nicht statischen, sondern dynamischen Charakter. Die durch ihn vorgeschriebene Inkorporierung sei eine perpetuierliche und darüber hinaus eine automatische, sofern es für die Einordnung einer neuen Regel in das deutsche Recht keines weiteren innerstaatlichen Rechtsaktes bedürfe[14].

---

[9] Das ergibt z. B. ein erster Vergleich zwischen Art. 25 GG und Art. 10 Abs. 1 der italienischen Verfassung von 1947, der lautet: „Die italienische Rechtsordnung paßt sich den allgemeinen Regeln des Völkerrechts an." Vgl. den Text in: Die Verfassungen Europas, S. 249. Hierzu weitere Beispiele etwa bei de Visscher, aaO., S. 529 f.

[10] So z. B. in Belgien; dazu vgl. unten. In Griechenland; vgl. Papakonstantinu, G., Das Verhältnis zwischen Völkerrecht und innerstaatlichem Recht nach der neuen Verfassung Griechenlands, Armenopulos 1968, S. 443 ff., insbesondere S. 452; Psaros, D., Die Verfassungsrevision, S. 214, Fußn. 13. Ferner in Jugoslawien; dazu vgl. den Bericht von Frenzke, D., Das Verhältnis zwischen Völkerrecht und Landesrecht in der jugoslawischen Doktrin, S. 70 ff.

[11] Zur Entstehungsgeschichte des Art. 25 GG vgl. vor allem Matz, W., Entstehungsgeschichte der Artikel des Grundgesetzes, Art. 25, JöR, Bd. (1951), S. 229 ff.; Menzel, Eb., Bonner Kommentar, Art. 25, I; Rudolf, aaO., S. 243 ff.

[12] So schon Walz in bezug auf Art. 4 WV, aaO., S. 303 f.; zum Art. 25 GG vgl. etwa Menzel, aaO., II, 3; von Mangoldt-Klein, Das Bonner Grundgesetz, Art. 25, Anm. IV, 1 mit ausführlichen Nachweisen; Mosler, Praxis, S. 40; Dahm, VR I, S. 65; Pigorsch, Einordnung, S. 6; Doehring, aaO., S. 122 f.; Rudolf, aaO., S. 262 f.; Lardy, La force obligatoire, S. 48 f.

[13] aaO., II, 3 (S. 9).

[14] In diesem Sinne auch die Rechtsprechung des Bundesverfassungs-

Ob das GG andere Bestimmungen enthält, die sich mit der inner-staatlichen Stellung allgemeiner Regeln in der Form einer Spezial-klausel befassen, kann im Rahmen dieser Arbeit nicht behandelt wer-den. In Frage käme allerdings Art. 26 I GG[15].

5. Art. 13 der Verfassung Griechenlands vom 1. Januar 1952, der eine Spezialklausel darstellt, lautet: „Alle, die sich innerhalb der Grenzen des griechischen Staates befinden, genießen den unbedingten Schutz ihres Lebens und ihrer Freiheit ohne Unterschied der Nationalität, der Religion und der Sprache. Ausnahmen sind zugelassen in den durch das Völkerrecht vorgesehenen Fällen[16]." Diese Vorschrift wiederholt sich fast wörtlich[17] in Art. 8 der am 15. November 1968 teilweise in Kraft gesetzten Verfassung[18]. Hier interessiert vornehmlich die in Abs. 2 bei-der Bestimmungen enthaltene Bezugnahme und Verweisung auf das Völkerrecht. Da die dazu geäußerten Meinungen im Schrifttum wider-sprüchlich sind und keine eindeutige Aussage zulassen, ist darauf näher einzugehen[19].

Man könnte behaupten, Abs. 1 gälte selbständig und unabhängig von Abs. 2. Das läßt sich aber mit folgenden Gründen widerlegen: Der von Art. 13/1952 bzw. Art. 8/1968 gewährleistete Schutz wird noch, von der Verweisung auf das Völkerrecht einmal abgesehen, durch andere Ver-fassungsbestimmungen garantiert[20]. Wollte man also Abs. 2 nicht in Zu-

---

gerichts; vgl. etwa BVerfGE, Bd. 18, S. 448: „Nach Art. 25 GG werden allge-meine Völkerrechtsregeln Bestandteil des Bundesrechtes nur mit ihrem jeweiligen Inhalt und ihrer jeweiligen Tragweite."

[15] Zu dieser Bestimmung vgl. die Kommentierungen im Bonner Kommen-tar *(Menzel), von Mangoldt-Klein,* Das Bonner Grundgesetz; *Maunz-Dürig,* Grundgesetz.

[16] Die Verfassung von 1952 ist in fremden Sprachen leicht zugänglich. Vgl. *Kyriakopulos,* JöR, N.F., Bd. 3 (1954), S. 343 ff.; *Contiades Ion,* Die Ver-fassungen Europas, S. 134 ff. (beide in dt. Sprache). Notes et Etudes Docu-mentaires, No. 1894, 1954 (in fr. Sprache); RHellDI, 1952, S. 152 ff. (in engl. Sprache).

[17] Neben dem Leben und der Freiheit wird noch die „Ehre" geschützt. Vgl. dazu *Wawaretos,* Die Verfassung Griechenlands von 1968, Kommentar unter Art. 8, S. 15; *Georgopulos,* Verfassungsrecht, S. 28; *Psaros,* Die Ver-fassungsrevision, S. 214. Bei der Ausarbeitung des Verfassungstextes wurde Art. 8 ohne jegliche Erläuterung angenommen; vgl. dazu Stenographische Protokolle der neuen Verfassung 1968, Athen 1969, S. 24.

[18] Siehe ihre Übersetzungen von *Schefold Dian,* JöR, N.F., Bd. 18 (1969), S. 307 ff. (deutsch); Notes et Etudes Documentaires, No. 3687, 1970 (französ.); RHellDI, 1968, S. 216 ff. (engl.).

[19] Vgl. dazu *Svolos,* Verfassungsrecht, Bd. A, S. 167; *Kyriakopulos,* Ver-fassungsrecht, A, S. 100 f.; *ders.,* Le Droit International, S. 202 f.; *Daskalakis,* Der Verfassungsschutz der Sozialrechte, S. 98 ff.; *Manessis,* Verfassungsrecht, S. 312 ff.; *Sguritsas,* Chr., Verfassungsrecht, Bd. A, S. 87 f.; *Psaros,* aaO., S. 214.

[20] Vgl. vor allem Art. 4, S. 1/1952 und entsprechend Art. 9, Abs. 2, S. 1/1968, die übereinstimmend lauten: „Die persönliche Freiheit ist unverletzlich";

sammenhang mit Abs. 1 sehen, so wäre der letztere gegenstandslos und überflüssig. Demgegenüber liegt der Sinn dieser beiden Absätze aber gerade darin, daß der von ihnen gewährleistete Schutz sich vom Völkerrecht bestimmen läßt[21]. Dafür spricht zusätzlich die Geschichte des Art. 13/1952 bzw. Art. 8/1968. Der erste und entsprechend der zweite wiederholen fast wörtlich Art. 7/1927, der seinerseits den als veraltet bezeichneten Art. 13 der Verfassung von 1864/1911[22] ersetzte[23, 24]. Art. 7/1927 wurde dem Verfassungstext einverleibt, um diesen den veränderten Umständen anzupassen und zum ersten Mal in dieser Weise Rücksicht auf das Völkerrecht zu nehmen[25].

Art. 13/1952 bzw. Art. 8/1968 regeln also die innerstaatliche Stellung der sich jeweils auf den Mindeststandard der Menschenrechte und insbesondere den Schutz des Lebens und der Freiheit jedes Menschen beziehenden allgemeinen Regeln[26].

6. Dagegen ist eine Bestimmung, die sich entweder in der Form einer General- oder einer Spezialklausel mit der Stellung der allgemeinen Regeln des Völkerrechts befaßt, der geltenden belgischen Verfassung nicht zu entnehmen[27, 28]. Die Idee aber einer verfassungsrechtlichen Regelung der innerstaatlichen Stellung dieser Regeln liegt offen zutage und gewinnt an Aktualität. Das Problem hat besonders Beachtung im Rahmen des im Mai 1965 veranstalteten Kolloquiums mit dem Thema „L'adaption de la constitution belge aux réalités internationales"[29] ge-

---

und Art. 18, S. 1/1952 bzw. Art. 11, Abs. 2, S. 1/1968, die lauten: „Die Folter... ist verboten."

[21] So im Ergebnis *Manessis*, aaO., S. 313 f.; die diesbezügliche Auslegung von *Daskalakis* (aaO., S. 100 ff.) ist unzutreffend.

[22] Er verbot den Sklavenhandel.

[23] Dazu vor allem *Svolos*, aaO., S. 167; *Wawaretos*, aaO., S. 15.

[24] Die Verfassungen Griechenlands mit den relevanten Materialien seit dem Befreiungskampfe (1821) hat in einer Sammlung *Kyriakopulos* veröffentlicht (Kyriakopulos, Die Verfassungen Griechenlands, Athen 1960).

[25] Vgl. *Svolos*, aaO., S. 166 f. und *Daskalatis* (aaO.) mit weiteren Nachweisen.

[26] Dabei ist anzumerken, daß (rein) innerstaatliche Normen — gemeint sind die sich auf diese Rechtsmaterie beziehenden Verfassungsbestimmungen (Fußn. 20) — und vermittels der Verfassung selbst innerstaatlich geltende allgemeine Regeln kumulativ gelten. Dazu vgl. noch C, VI.

[27] Eine dem Art. 13/1952 bzw. Art. 8/1968 der griechischen Verfassungen entsprechende Bestimmung fehlt nicht, verfügt jedoch über einen anderen Inhalt. Es handelt sich um Art. 128, der lautet: „Tout étranger, qui se trouve sur le territoire de la Belgique, jouit de la protection accordée aux personnes et aux biens, sauf les exceptions établies par la loi."

[28] Vgl. etwa *von Kyaw*, Gewährleistung, S. 173.

[29] Vgl. L'adaption de la constitution belge aux réalités internationales, Actes du Colloque conjoint des 6 et 7 mai 1965, Bruxelles 1966 (im folgenden L'adaption).

funden. Ergebnis dieses Kolloquiums war der Vorschlag, eine Vorschrift (Art. 107bis) in den Verfassungstext einzufügen, die lauten sollte: „Les cours et tribunaux n'appliqueront les lois qu'autant qu'elles seront conformes aux règles du droit international, et notamment aux traités en vigueur régulièrement publiés[30]."

Zwar hatte man schon relativ früh in Belgien die Ansicht vertreten, die Regelung der innerstaatlichen Stellung der allgemeinen Regeln solle, im Gegensatz zu den Völkervertragsnormen, nicht durch eine Verfassungsbestimmung erfolgen[31]. Die überwiegende Mehrheit der Teilnehmer des Kolloquiums von 1965 hat sich aber der gegenteiligen Meinung angeschlossen, indem sie die Einfügung des Art. 107bis in den Verfassungstext befürwortet hat[32]. Nur Dumon[33] hatte sich dazu eher ablehnend geäußert, und erst später hat Ganshof van der Meersch die Zweckmäßigkeit dieser Vorschrift ernsthaft in Frage gestellt. Er meint, hierzu reiche die schon existierende Gerichtspraxis aus, und daher erübrige sich jede schriftliche Niederlegung[34]. Diese Auffassung scheint sich im Rahmen des Revisionsverfahrens durchzusetzen. Neuerdings sind die Aussichten für die Einfügung des Art. 107bis — freilich im Hinblick auf die allgemeinen Regeln — in die Verfassung gering, obwohl sich der überwiegende Teil in der Lehre dafür ausgesprochen hat[35]. Berücksichtigt man die in vielfacher Hinsicht schwache Regelung

---

[30] Diese vorgeschlagene Bestimmung vgl. in L'adaption, S. 133, und RBDI, 1966, S. 317 f.; vgl. noch in Moniteur belge 1965 (17. April), S. 4150 und 1968 (2. März), S. 2052 f. die „Declaration de revision de la constitution" zum Art. 107bis. Ferner den Vorschlag von *Rolin* hinsichtlich des Art. 107bis in „Note d'observations de M. Rolin, ancien Senateur, au sujet de l'insertion dans la Constitution, d'un Article 107bis", 31. 12. 1970 (unveröffentlicht). Nach Rolin soll Art. 107bis folgendermaßen lauten: „La loi ne peut être appliquée par aucune juridiction lorsque cette application serait inconciliable avec le respect des règles de droit international général visant l'ordre juridique interne ..." (Conclusion, S. 23). Dieser Vorschlag wird neuerdings von *Salmon* angeführt (Le conflit entre le traité, JT 1971, S. 535).

[31] Vgl. das Gutachten von *Dor, G., Ganshof van der Meersch, de Visscher, Mast, J.*, in Documents, Chambre, Session 1952—53, t. 5, No. 696, S. 5: „Il ne sera dès lors pas fait état des textes constitutionnels qui règlent les rapports entre le droit international coutumier et le droit interne ..." In diesem Sinne auch die diesbezüglich parlamentarischen Diskussionen; vgl. Documents, Chambre, Session 1952—53, t. 5, No. 693, S. 54 f., und Session 1959—60, t. 6, No. 374, S. 15.

[32] Dazu vgl. *de Visscher*, Rapport de Synthèse, S. 124. Er spricht von einer „quasi-unanimité".

[33] aaO., S. 124.

[34] *Ganshof van der Meersch*, Réflexions sur le droit international et la revision de la Constitution, Discours 1968, S. 50 ff. Er schreibt ausdrücklich (S. 53): „Le texte doit, je pense, être limité à la conformité au droit international conventionnel, d'est-à-dire aux traités."

[35] Dazu neuerdings *Rolin* (aaO., S. 21); *Plouvier*, L'affaire Detry — Le Ski, 1971, am Institut d'Etudes Européennes (Bruxelles) hektographiert vor-

der Stellung der allgemeinen Regeln des Völkerrechts im belgischen Recht[36], so muß man die Übernahme der vorgeschlagenen Vorschrift, auch wenn sie nicht deutlich genug ist, begrüßen. In Belgien ist die Regelung des Problems durch eine Norm des geschriebenen Rechts in der Form einer Generalklausel erforderlich. Ob nun dies durch eine Verfassungsbestimmung oder durch eine Gesetzesbestimmung erfolgen soll, ist eine Frage allgemeinen Charakters, die erst später (C, VI) zu erörtern sein wird.

b) Gesetzgeberische Bestimmungen

7. Die Stellung der allgemeinen Regeln des Völkerrechts im innerstaatlichen Recht kann auch durch gesetzgeberische Bestimmungen entweder mit Gesetzes-[37] oder mit Untergesetzesrang geregelt werden. So ist etwa Art. 25 GG nicht die einzige Vorschrift, die zur Regelung dieses Problems im Rahmen der deutschen Rechtsordnung dient. Es gibt vielmehr eine Anzahl von Bestimmungen, die für sich die Lösung des Problems in Anspruch nehmen. Sie stellen, wo immer sie sich auch finden, im Gegensatz zu Art. 25 Spezialklauseln dar und besitzen in der deutschen Normenhierarchie entweder Gesetzes- oder Untergesetzesrang[38]. Dennoch fehlt es dem deutschen Recht nicht an Generalklauseln wie Art. 25 GG[39].

Es fragt sich nun, wie sich diese Spezialklauseln (rechtstechnische Mittel) zu der Generalklausel des Art. 25 GG verhalten. Nach richtiger Ansicht kommt ihnen lediglich „deklaratorisch-erläuternde"[40] Bedeutung zu. Sie unterliegen in jeder Hinsicht der höherrangigen Norm des Art. 25 und lassen sich an ihr messen[41]. Da aber die Formulierung dieser Bestimmung nicht immer eindeutig ist, können sie unter gewissen

---

handen, S. 29. *Salmon* scheint jedoch hierzu, nach der Entscheidung des Kassationshofs vom 27. Mai 1971 im Falle „Le Ski", optimistisch zu sein (Le conflit entre le traité, JT 1971, S. 535).

[36] Dazu vgl. die folgenden Abschnitte, jeweils an der entsprechenden Stelle.

[37] d. h. Gesetze im formellen Sinne.

[38] So z. B. § 18 GVG; dazu vgl. *Rudolf*, aaO., S. 268 ff., mit weiteren Beispielen und Nachweisen. Ferner neuerdings die Anweisungen des Bundesministeriums des Innern betreffend Diplomaten und andere bevorrechtigte Personen vom 12. April 1970 (GMBl 1970, S. 218 ff.). Ähnlich war die Rechtslage unter der Geltung von Art. 4 WV; dazu *Walz*, aaO., S. 335 f.

[39] z. B. Art. 67 der hessischen Verfassung vom 1. Dezember 1946. Weitere Beispiele aus den deutschen Landesverfassungen bei *Rudolf*, aaO., S. 243 f. Allerdings ist Art. 31 GG zu berücksichtigen: „Bundesrecht bricht Landesrecht."

[40] Schon nach *Walz*, aaO., S. 335.

[41] Hierzu *Walz*, aaO., S. 335 f.; *Rudolf*, aaO., S. 268 f., mit weiteren Hinweisen.

Umständen relevant sein[42]. In einem Falle könnten jedoch alle diese bestehenden Spezialklauseln erneut selbständige Bedeutung erhalten, wenn Art. 25 einer Verfassungsrevision, d. h. einer Änderung oder sogar Abschaffung, zum Opfer fallen würde[43]. Das deutsche Recht weist also darauf hin, daß eine in einer Verfassungsbestimmung enthaltene Generalklausel die parallele Existenz anderer Klauseln nicht ausschließt. Dennoch ist die Verfassungsbestimmung stets und in jeder Hinsicht als ausschlaggebend anzusehen.

8. Das griechische Recht kannte eine Generalklausel, die in einem gewohnheitsrechtlichen Gebot enthalten war[44]. Seit dem Inkrafttreten des neuen Zivilprozeß-Gesetzbuches (GrZPB) — 16. September 1968[45] — ist aber die Rechtslage hierzu, zumindest rechtstechnisch, anders zu entscheiden. Art. 559 Nr. 1 des GrZPB[45a] lautet: „Die Kassation ist nur zulässig, wenn 1) eine Norm des materiellen Rechts ... verletzt wurde, gleichgültig, ob es sich um ein Gesetz oder ... Völkerrecht handelt"[46, 47]. Diese Vorschrift übernimmt das schon geltende gewohnheitsrechtliche Gebot und rüstet es mit der Kraft einer Norm des geschriebenen Rechts, d. h. einer Gesetzesbestimmung, aus[48]. Zwar spricht deren Wortlaut allgemein von Völkerrecht. Da aber die innerstaatliche Stellung der völkerrechtlichen Verträge durch andere Vorschriften bestimmt wird[49], wendet sich diese Bestimmung vornehmlich an die allgemeinen Regeln des Völkerrechts. Dabei ist allerdings zu berücksichtigen, daß diese so vage Wendung (Völkerrecht) zu der Annahme führen könnte, darunter

---

[42] Sie könnten evtl Art. 25 GG in gewisser Hinsicht erläutern.

[43] Dies ist als ein unwahrscheinlicher Fall, wie *Rudolf* (S. 270) hervorhebt, anzusehen. Obwohl es umstritten ist, muß angenommen werden, daß Art. 25 der Verfassungsrevision unterliegt.

[44] Dazu gleich unten C, II, c.

[45] Gemäß dem Schlußartikel des Einführungsgesetzes zum Zivilprozeßgesetzbuch in seiner anfänglichen Fassung.

[45a] In der Fassung vom 25. Okt./1. Nov. 1971; früher Art. 577.

[46] Vgl. den Text in Codex N.B. 1971, S. 1310; und die deutsche Übersetzung des gleichlautenden und früher geltenden Art. 577 von *Baumgärtel-Rammos*, Das griechische Zivilprozeß-Gesetzbuch mit Einführungsgesetz, 1969.

[47] Und ähnlich Art. 560 Nr. 1 GrZPB: „Gegen Urteile der Friedensgerichte und der Gerichte erster Instanz, welche über Berufungen gegen Urteile der Friedensgerichte entscheiden, ist die Kassation nur zulässig, wenn 1. eine Norm des materiellen Rechts ... verletzt worden ist, gleichgültig, ob es sich um ein Gesetz oder ... Völkerrecht handelt."

[48] Das vorliegende Schrifttum und die Rechtsprechung haben bis heute — soweit ersichtlich — dazu noch nicht Stellung genommen. *Ekonomopulos* (Handbuch der Zivilprozeßordnung, Bd. II/1, S. 106) bemerkt lediglich, die Kassation sei bei Verletzung der allgemein anerkannten Regeln des VR statthaft, wie schon früher die Rechtsprechung angenommen habe.

[49] Vgl. Art. 32 der Verfassung von 1952 und entsprechend Art. 53 der Verfassung von 1968.

fielen auch die Normen des partikulären und lokalen Völkergewohn-
heitsrechtes[50].

Entscheidet nun der Aeropag darüber, ob eine allgemeine Regel des
Völkerrechts verletzt worden ist, so setzt dies voraus, daß die innerstaatliche Stellung schon geregelt ist. Man könnte die Meinung vertreten, dies erfolge weiter durch das bereits früher bestehende gewohnheitsrechtliche Gebot. Dennoch ist anzunehmen, daß Art. 559 Nr. 1 (und
entsprechend Art. 560 Nr. 1) des GrZPB implizite eine zweite Funktion
zukommt. Er sanktioniert die bis zum Zeitpunkt des Inkrafttretens des
neuen GrZPO bestehende gewohnheitsrechtliche Regelung durch eine
Vorschrift des geschriebenen Rechts. Die daraus sich ergebenden Konsequenzen werden an der jeweils geeigneten Stelle erläutert.

Im griechischen Recht ist, ähnlich wie im deutschen, eine Reihe von
Bestimmungen anzutreffen, die Spezialklauseln darstellen. Die meisten
von diesen besitzen Gesetzesrang, gelten kumulativ und sind dem
Art. 559 Nr. 1 gegenüber als lex specialis anzusehen. Daraus entstehen
jedoch in der Regel keine Konflikte, weil diese gleichrangigen Normen
dieselbe Funktion erfüllen. Sie räumen den allgemeinen Regeln Geltung
im innerstaatlichen Rechtsraum ein[51].

9. Im belgischen Schrifttum wird davon ausgegangen, daß die innerstaatliche Stellung der allgemeinen Regeln generell nur durch eine
ständige Gerichtspraxis (Rechtsprechung) geregelt wird[52]. Dabei wird
aber übersehen, daß sich darauf noch andere Vorschriften des geschriebenen Rechts beziehen. Ein Beispiel hierzu stellt das Dekret du 13
ventôse an II dar, das als eine Spezialklausel bezeichnet werden muß.

---

[50] Diese Ansicht läßt sich zunächst vertreten. Das Problem wird allerdings
im Schrifttum gar nicht angeschnitten. Vgl. z. B. Art. 67 der hessischen Verfassung, der eine ähnliche Problematik aufwirft.

[51] So z. B. Art. 26 des GrZPB von 1834 und entsprechend Art. 3 Abs. 2 des
GrZPB von 1967, der lautet: „Von der Gerichtsbarkeit der inländischen
Gerichte sind Ausländer, welche Exterritorialität besitzen, ausgenommen,
es sei denn ..."; vgl. *Baumgärtel-Rammos*, aaO, S. 11. Zweifelsohne hätte
eine nähere Untersuchung ergeben, daß Spezialklauseln auch in Bestimmungen mit Untergesetzesrang (z. B. Steuervorschriften) bestehen. Sie ließen
sich dann an der höheren Norm, zumindest soweit beide die gleiche Rechtsmaterie regeln würden, messen. *Zotiades* (Bemerkungen zu den Quellen des
Auslieferungsrechts, Armenopulos 1969, S. 88 ff.) hat neuerdings behauptet,
die zum Auslieferungsrecht bestehenden Vorschriften des griechischen Straf-
gesetzbuches beträfen nicht nur Verträge, sondern auch allgemeine Regeln
des VR. Abgesehen davon, daß sich diese Behauptung mit dem Text selbst
— dieser erwähnt ausschließlich Verträge,— nicht vereinbaren läßt, sind aus
dem allgemeinen Völkerrecht keine solchen Regeln zu entnehmen (vgl. etwa
WVR² Bd. I, insbesondere S. 116), so daß sich eigentlich das Problem als
gegenstandslos erweist.

[52] Dazu unten C, II, c.

Nach ihm genießen die diplomatischen Vertreter der Staaten Immunität[53, 54].

Auf diesen Rechtszustand nimmt die belgische Rechtsprechung Rücksicht, indem sie sich bei der Anwendung der sich mit der Immunität befassenden allgemeinen Regeln häufig, allerdings nicht immer, auf dieses Dekret beruft. Man stellt sogar fest, daß in letzter Zeit die Berufung auf das Dekret öfter vorkommt[55], und zwar nachdem man seine Geltung überhaupt in Frage gestellt hat[56]. Diese Tatsache weist darauf hin, daß der kontinentale Richter — das gleiche dürfte im allgemeinen für sämtliche Rechtsanwendungsorgane gelten — eher geneigt ist, seine Entscheidung einer Norm des geschriebenen Rechts zugrunde zu legen. Hierbei dürfen zunächst die allgemeinen Regeln keine Ausnahme darstellen. Daraus läßt sich folgern, daß sich in Belgien die Regelung der innerstaatlichen Stellung dieser Regeln durch eine Norm des geschriebenen Rechts in der Form einer Generalklausel — sei es der Verfassung, sei es eines Gesetzes — positiv auswirken würde.

Zu beachten ist noch folgendes Kuriosum. In Belgien werden die allgemeinen Regeln gemäß der herrschenden Auslegung des Art. 17 des Gesetzes vom 4. August 1832 insofern als question de fait angesehen, als die auf eine verfehlte Auslegung bzw. Anwendung einer allgemeinen Regel beruhende Kassation als unzulässig angesehen wird[57]. Wird eine solche Regel schriftlich niedergelegt, z. B. in einem Vertrag, dem die Kammern in der Form eines Gesetzes zugestimmt haben[58], so kommt diesem Gesetz *insofern* konstitutive — und nicht, wie üblich[59], deklaratorische — Bedeutung zu. Die auf einer allgemeinen Regel beruhende Kassation wird erst dann zulässig. Allerdings beschränkt sich dieser konstitutive Charakter lediglich auf diesen, keineswegs belanglosen, prozessualen Aspekt. Daher wundert es nicht, daß der Kassationshof,

---

[53] Er lautet: „La Convention nationale interdit à toute autorité constituée d'attenter en aucune manière à la personne des envoyés des Gouvernements étrangers."

[54] Eine nähere Untersuchung hätte weitere Beispiele ermitteln können.

[55] Vgl. die in RBDI referierten Urteile: Cour d'Appel Bruxelles, 10 janvier 1964, BRDI 1966, S. 558 f.; Corr. Bruxelles, 5 juin 1965, RBDI 1967, S. 589 f.; Civ. Bruxelles, 16 avril 1962, RBDI 1969, S. 369 f.; ferner aus den älteren Urteilen Cour de Cassation, 24 mai 1897, Pas. I, 1897, S. 201 f.; dasselbe, 23 mai 1898, Pas. I, 1898, S. 202 f. usw.; vgl. dazu noch *Salmon*, RCJB, Bd. 21 (1967), S. 400 ff. (Kommentierung des Trib. civil de Bruxelles, 16 avril 1962).

[56] Vgl. etwa *Rigaux*, Les problèmes, S. 212, Funßn. 1: „On a parfois invoqué le décret du 13 ventôse an II, mais il est douteux qu'il soit encore en vigueur dans notre pays"; *Salmon*, Le rôle: „... le décret revolutionaire n'est qu'un alibi légal commode."

[57] Dazu noch unten C, VII.

[58] Gemäß Art. 68 Abs. 2 der belgischen Verfassung.

[59] Dazu vgl. unten C, V, d.

wenn er die in einem ratifizierten Vertrag enthaltenen allgemeinen Regeln anwendet, seiner Entscheidung den Vertrag bzw. das Zustimmungsgesetz zugrunde legt[60]. Betrachtet man die Rechtslage hierzu in Belgien, so ist anzunehmen, daß dieses skizzierte Verfahren die Stellung der darunter fallenden allgemeinen Regeln bis zu einem gewissen Grad verstärkt[61].

c) Gewohnheiten, Rechtsprechung

10. Ist nun keine Norm des geschriebenen Rechts in der Form einer Generalklausel vorhanden oder besteht eine solche in der Form einer Spezialklausel, so taucht die Frage nach der Grundlage der Geltung und ferner der Anwendung der allgemeinen Regeln innerhalb einer gegebenen innerstaatlichen Rechtsordnung auf. Da bekanntlich das innerstaatliche Recht nicht nur Normen des geschriebenen Rechts umfaßt, ist zu prüfen, ob der erforderliche Staatsakt durch Normen des ungeschriebenen Rechts erteilt werden kann und in der Tat erteilt wird. In Frage kommen die *Gewohnheiten* und die *Rechtsprechung*.

11. Bis zum Zeitpunkt des Inkrafttretens des neuen GrZPB wurde grundsätzlich die innerstaatliche Stellung der allgemeinen Regeln in Griechenland und ähnlich in Belgien durch eine Generalklausel des Gewohnheitsrechts geregelt[62].

Obwohl die Frage nach der diesbezüglichen Bedeutung des Art. 559 Nr. 1 GrZPB (und entsprechend Art. 560 Nr. 1) noch nicht als endgültig entschieden anzusehen ist, muß angenommen werden, daß heute die griechische und die belgische Rechtsordnung hierzu verschiedene Wege

---

[60] So z. B. bei der Anwendung der Regeln, die sich auf die occupatio bellica beziehen und in der von Belgien ratifizierten Haager Landkriegsordnung von 1907 enthalten sind. Dazu vgl. vor allem folgende Urteile: Cour de Cassation, 4 juillet 1949, Pas. I 1949, S. 506 ff., insbesondere S. 515 und 517; Cour de Cassation, 27 novembre 1950, Pas. I 1951, S. 180 ff., insbesondere 182, 183 und 185; dort (S. 182) heißt es ausdrücklich: „Par cette approbation, en effet, la convention devient, au regard de l'application de l'article 17, alinéa 2, de la loi du 4 août 1832, un acte équipollent à une loi."

[61] Dies wird etwa klar zum Ausdruck gebracht durch eine Ratifizierung seitens Belgiens der Wiener Konvention über Diplomatische Beziehungen vom 18. 4. 1961. Charakteristisch bemerkt hierzu bei der Kommentierung des Corr. Bruxelles, 16 avril 1962, *Verhoeven Joe* (RBDI 1969, S. 369): „Le fondement et l'étendue de l'immunités diplomatiques n'échappent pas en jurisprudence belge à une certaine confusion, à laquelle l'absence d'arrêts de cassation n'est sans doute pas étrangère."

[62] Ähnlich war auch die Rechtslage in Deutschland vor der Geltung des Art. 4 der WV. Dazu vgl. vor allem *Walz*, aaO., S. 296, mit Beispielen aus der Rechtsprechung, vornehmlich des Reichsgerichts, und weiteren Nachweisen; in diesem Sinne auch *de Visscher*, Les Tendances, S. 526. Im übrigen aus rechtsvergleichender Sicht vgl. *Seidl-Hohenveldern*, Transformation, S. 90 ff.; *Fragistas*, Les conflits, S. 364 f.

gehen. Aus methodischen Gründen werden jedoch beide Rechtsordnungen in Betracht gezogen.

Es besteht kein Zweifel daran, daß im Rahmen der belgischen und der griechischen Rechtsprechung ständig allgemeine Regeln angewandt worden sind, wenn es bei der Entscheidung eines Rechtsstreites irgendwie auf deren Anwendung ankam[63]. Dafür spricht eindeutig eine Reihe von Gerichtsurteilen, die zur Bildung einer ständigen Rechtsprechung geführt hat. Anzumerken ist, daß es nicht an Entscheidungen fehlt, die versucht haben — meist erfolglos —, theoretische Klarheit über die rechtliche Grundlage dieser Praxis zu schaffen[64]. Im folgenden wird die Rede von der rechtlichen Grundlage dieser Praktiken sein[65].

---

[63] Die belgische Rechtsprechung wird neuerdings erschöpfend von *Salmon*, Le rôle, angeführt; über die griechische vgl. die im folgenden zitierten Arbeiten; ferner die jeweils in Betracht gezogenen Urteile, die für den zu erörternden Fragenkomplex relevant sind. Aus dem Schrifttum vgl. für Belgien *Masters*, International Law in national courts, S. 213 f.; *von Kyaw*, Gewährleistung, S. 173 ff.; *Rigaux*, Les Problèmes, S. 205 f.; *ders.*, Les conflits, S. 275; *Salmon-Suy*, La primauté, S. 75, 77 f.; *Salmon*, Le rôle; für Griechenland vgl. etwa *Maridakis*, Die deutsche Verfassung, S. 222 ff.; *Tenekides*, C. G., Le droit international, S. 339 ff.; *ders.*, Les tendances, S. 768 ff.; *Constantopoulos*, Verbindlichkeit, S. 198; *Spyropulos*, Internationales öffentliches Recht, S. 20 ff.; *Eustathiades*, Internationales öffentliches Recht, Heft A, S. 41 f.; *Tenekides*, G., Internationales öffentliches Recht, Bd. A, S. 183 ff.; zusammenfassend auch *Papalambrou*, Le problème, S. 256 ff.

[64] Dazu vor allem und statt vieler vgl. die wirklich berühmt gewordenen Urteile: In Belgien: Cour de Cassation, 25 janvier 1906, Succession de S. M. Marie-Henriette, Reine des Belges, Pas. I, 1906, S. 95 ff.; eine ausführliche Darstellung dieses Urteils im Zusammenhang mit den entsprechenden Urteilen des tribunal civil und des Cour d'Appel Bruxelles gibt *Masters* (aaO., S. 214 ff.). Der Kassationshof hat in diesem Urteil (S. 109) angenommen, die im common law entwickelte Rechtsparömie „international law is a part of the law of the land" stelle ohne weiteres einen Bestandteil der belgischen Rechtsordnung dar. Zunächst ist zu bemerken, daß es sich um keine allgemeine Regel des VR („l'usage reconnu aux princes des maisons souveraines de faire leur contrat de mariage en la forme d'une traité international") gehandelt hatte. Darüber hinaus hat sich das Gericht zu weit vorgewagt, indem es ohne jegliche Begründung ein Prinzip des zumindest rechtstechnisch fremden Rechtssystems der common law-Länder in die belgische Rechtsordnung übernommen sehen wollte. Außerdem war der Fall „assez spéciale" (so *Rolin*: La force obligatoire des traités dans la jurisprudence belge, S. 561) oder „zu delikat" (so *von Kyaw*, aaO., S. 177).
In Griechenland: Aeropag 14/1896, Themis 1896—97, S. 179. Dazu vgl. vor allem *Tenekides*, C. G., Bulletin de la Jurisprudence Hèllénique, RDI Bd. 53 (1926), S. 775 f.; *Tenekides*, G., Die Geltung, S. 41 ff.; *Maridakis*, G., Der griechische Richter, S. 226 ff.

[65] Die Frage hatte schon für Belgien Masters (aaO., S. 213 f.) richtig gestellt: „Belgian courts have frequently applied rules of customary international law, but ... they have rarely indicated why these rules are obligatory on them and on private persons in Belgium"; und für Griechenland *Tenekides*, C. G., Le droit international, S. 340: „En Grèce ce principe a été proclamé par la jurisprudence. Mais la jurisprudence n'a qu'une force déclarative du droit existant. Si elle est considérée, par certains auteurs

Man könnte behaupten, die allgemeinen Regeln des Völkerrechts gelten automatisch und erfahren deshalb Anwendung, ohne daß ihre innerstaatliche Stellung geregelt zu sein braucht. Dies wäre offensichtlich, zumindest im Ergebnis, eine konsequente monistische These, weil diesen Regeln ohne jeglichen Staatsakt innerstaatliche Geltung eingeräumt würde. Abgesehen davon, daß das Völkerrecht selbst — wie schon dargestellt wurde[66] — von den Staaten nicht die automatische Geltung seiner Gebote bzw. Verbote verlangt, ließe sich diese Behauptung schwer mit den Grundzügen des griechischen und des belgischen Rechtssystems vereinbaren.

Zu prüfen bleibt noch, ob die rechtliche Grundlage dieser Praktiken auf einer ständigen Rechtsprechung oder auf einem daraus entstandenen gewohnheitsrechtlichen Gebot beruht. Dies hängt davon ab, ob die Rechtsprechung oder die Gewohnheiten innerhalb der jeweils zu untersuchenden Rechtsordnungen als Rechtsquellen i. e. S. anzusehen sind. In bezug auf das belgische und das griechische Rechtssystem ist der Tatsache Rechnung zu tragen, daß beide dem kontinentalen Rechtssystem angehören. Damit ist die Entscheidung darüber gefallen, ob die Rechtsprechung *an sich* als Rechtsquelle betrachtet werden kann. Bekanntlich beschränkt sich deren Funktion lediglich auf die Auslegung und Anwendung — die unter Umständen sicherlich einen weitgehend schöpferischen Charakter tragen mag — des geltenden Rechts. Aus diesem Grund kann man den Gerichten hierzu keine rein schöpferische Funktion im Sinne einer selbständigen Rechtsquelle zuerkennen[67].

Lehnt man es in beiden Ländern im allgemeinen ab, die Rechtsprechung als Rechtsquelle im engeren Sinne zu betrachten, so gilt das Gegenteil für das Gewohnheitsrecht[68]. Welche Stellung diesem einge-

---

comme une source du droit, sa fonction ne consiste pas à le créer, mais à l'interpréter et, en empêchant les déviations d'en assurer l'application rationelle."

[66] Dazu oben C, I.

[67] So für Griechenland ausdrücklich *Tenekides*, C. G. (oben Fußn. 65); *Streit-Vallindas*, IPR I, S. 169; *Wegleris*, Anmerkungen über das öffentliche Recht, S. 16 ff.; *Manessis*, Die Garantien für die Einhaltung der Verfassung, Bd. I, S. 152, insbes. Fußn. 12. Allgemeiner dazu *Lidseropulos*, Die Rechtsprechung, S. 13 ff., 78 ff.; *Michaelides-Nouaros*, L'oevre créatrice de la jurisprudence Grèque en cas de silence de la loi, S. 163 ff. Für Belgien neuerdings *Foriers*, Les relations des sources écrites et non écrites du droit, S. 47 ff. mit Nachweisen aus dem Schrifttum und der Rechtsprechung. Zwar nimmt Foriers an: „La jurisprudence est reconnue comme source de droit ...", doch kann man dies widerlegen, da er gleich danach akzeptiert (S. 52), daß gemäß der herrschenden Meinung die Rechtsprechung des Kassationshofs, soweit sie sich nicht in einer Gewohnheit konsolidiert hat, lediglich moralische Autorität aufweist. Ähnlich für Griechenland *Michaelides-Nouaros*, aaO., S. 178.

[68] Vgl. dazu für Belgien *Gilissen*, Loi et coutume, insbesondere S. 23 ff.; *Foriers*, aaO., S. 43 ff., beide mit weiteren Nachweisen. Für Griechenland

räumt wird, ist ein anderes Problem, auf das hier nur am Rande eingegangen werden kann.

Zur Bildung gewohnheitsrechtlicher Normen trägt in den kontinentalen Rechtssystemen bekanntlich die Gerichtspraxis insbesondere hinsichtlich rechtstechnischer Fragen wesentlich bei. Die Rechtsprechung setzt Elemente, die zur Entstehung von Gewohnheiten führen können[69]. Kriterien dieses konstitutiven Vorganges sind grundsätzlich eine mehr oder weniger dauerhafte Übung, die als Rechtspflicht anerkannt werden muß. Ist dieser Vorgang in der Praxis nicht leicht erkennbar, so ist er für die Rechtsdogmatik entscheidend. Es handelt sich dabei um einen Grenzzustand, der sich schwer abgrenzen läßt[70].

Die obigen Bemerkungen führen zum folgenden Ergebnis: Die in Belgien und (früher) auch in Griechenland etablierten Gerichtspraktiken sind rechtlich zu untermauern. Richtig ist also anzunehmen, daß diese zur Bildung eines gewohnheitsrechtlichen Gebotes Anlaß gegeben haben, das in der Form einer Generalklausel die Stellung der allgemeinen Regeln im innerstaatlichen Bereich grundsätzlich (abgesehen von den parallel bestehenden Spezialklauseln) regelt bzw. (Griechenland) geregelt hat. Der Inhalt dieses Gebotes wird im einzelnen später im Zusammenhang mit den anderen zu untersuchenden Problemen erläutert.

12. Schließlich darf nicht übersehen werden, daß die Regelung der innerstaatlichen Stellung der allgemeinen Regeln durch die Rechtsprechung selbst erfolgen kann. Dies setzt aber die Anerkennung der Rechtsprechung als Rechtsquelle im engeren Sinne voraus. Diese Möglichkeit läßt sich mit der belgischen und der griechischen Rechtsordnung nicht vereinbaren[71].

13. Zusammenfassend läßt sich folgendes feststellen: Die Regelung der innerstaatlichen Stellung der allgemeinen Regeln des Völkerrechts kann durch Verfassungsbestimmungen entweder in der Form einer Generalklausel (Art. 25 GG und Art. 107bis des belgischen Verfassungsentwurfes) oder in der Form einer Spezialklausel (Art. 13/1952 bzw. Art. 8/1968 der griechischen Verfassungen) erfolgen. Die zweite

---

Tsatsos, K., Bemerkungen zu den Quellen des geltenden Rechts, insbesondere S. 140 ff.; *Manessis*, aaO., S. 137 ff.; und neuerdings *Kerameus*, Rechtskraft, S. 85 ff., mit ausführlichen Nachweisen.

[69] Vgl. etwa *Lidseropulos*, aaO.; *Manessis*, aaO.; *Kerameus*, aaO., S. 92 f., dessen Ausführungen hierzu allgemeine Geltung haben.

[70] Damit ist logisch die Frage nach dem Beginn der Geltung einer Gewohnheit eng verbunden. Richtig bemerkt *Kerameus* hierzu, die Übergangsgrenzen der Übung zu einer gewohnheitsrechtlichen Norm seien außerordentlich flüssig (aaO., S. 94).

[71] Anders aber grundsätzlich bei den Ländern, welche dem common lawRechtskreis angehören.

Alternative gibt einem Staat die Möglichkeit, einem Normenbündel von allgemeinen Regeln, die er für seine Rechtsordnung als „qualitativ" wichtiger betrachtet, verfassungsrechtlich Geltung einzuräumen. Diese Lösung, die bis jetzt — soweit ersichtlich — selten praktiziert worden ist, verdient Beachtung. Sie ermöglicht einem Staat, wenn er nicht bereit ist, sämtlichen[72] allgemeinen Regeln durch eine Generalklausel verfassungsrechtlich Geltung und Anwendung zu verschaffen, dies durch eine Spezialklausel für gewisse Regeln vorzunehmen. Man denke etwa an die Gewährleistung des vom Völkerrecht vorgesehenen Schutzes für den Mindeststandard der Menschenrechte durch eine Verfassungsbestimmung (mit Verfassungsrang)[73].

Die Lösung des Problems kann überdies durch gesetzgeberische Bestimmungen mit Gesetzes- oder Untergesetzesrang in der Form einer Generalklausel (Art. 559 Nr. 1 GrZPB) oder einer Spezialklausel (z. B. § 18 GVG, Art. 3 Abs. 2 GrZPB, décret du 13 ventôse an II) erfolgen. Dies kann ferner durch ein gewohnheitsrechtliches Gebot oder durch eine dazu entwickelte Rechtsprechung geschehen, wobei dann meistens die Form einer Generalklausel in Frage kommt.

Trägt das rechtstechnische Mittel den Charakter einer Generalklausel, so bezieht es sich uno actu und perpetuierlich auf die bestehenden und die entstehenden allgemeinen Regeln in ihrem jeweiligen Bestand, Inhalt und Tragweite. Nur in diesem Sinne kann die Rede von einer „automatischen" Geltung sein. Diese Lösung erweist sich zweifelsohne als „völkerrechtsfreundlich", weil die Öffnung des innerstaatlichen Rechts zu den allgemeinen Regeln rechtstechnisch pauschal vollzogen wird. Hier ist allerdings der Vorbehalt zu machen, daß die rechtstechnischen Mittel wirklich völkerrechtsfreundlich bzw. völkerrechtsgemäß artikuliert und aktualisiert werden müssen[74].

Im Hinblick auf die kontinentalen Rechtsordnungen ist der Vorzug den in Normen des geschriebenen Rechts enthaltenden Mitteln einzuräumen. Einerseits, da sich die Stellung der gewohnheitsrechtlichen Gebote oft als schwach erweist, und andererseits, weil die Gewohnheiten nicht immer deutlich oder wenig deutlicher als die Normen des geschriebenen Rechts sind.

---

[72] Vgl. aber oben B, II.

[73] In diesem Sinne sind Art. 13/1952 bzw. Art. 8/1968 der griechischen Verfassungen zu verstehen. Zu diesem Fragenkomplex vgl. eingehender unten C, VI.

[74] Ein Beispiel mag diesen Gedanken hier klar machen. Unter dem nationalsozialistischen Regime galt in Deutschland Art. 4 WV — bekanntlich jedoch weitgehend formell — fort. Dazu vgl. *Rudolf*, aaO., S. 242 f., mit Nachweisen. In diesem Sinne sind auch die Verletzungen der Art. 13/1952 bzw. Art. 8/1968 nach dem 21. April 1967 in Griechenland zu verstehen.

Sind mehrere Mittel in einer Rechtsordnung anzutreffen, die kon-
kurrierend oder kumulativ gelten, und entstehen daraus Auslegungs-
bzw. Anwendungsschwierigkeiten oder Konflikte, so sind diese möglichst völkerrechtsfreundlich zu lösen. Der Grundsatz der völkerrechtskonformen Auslegung dürfte hier analog Anwendung finden[75].

III. Rechtstechnische Methoden

1. Die rechtstechnischen Mittel sprechen aber nicht das letzte Wort
zum Problem der Stellung der allgemeinen Regeln des Völkerrechts im
innerstaatlichen Rechtsraum aus. Sie setzen freilich den Anfang und die
Grundlage hierfür. Maßgeblich sind noch die rechtstechnischen Methoden, die ihrerseits die rechtstechnischen Mittel artikulieren und ihnen
einen bestimmten Inhalt verleihen. Unter dem Begriff *„rechtstechnische
Methode"* wird die Art und Weise (Methode) verstanden, in der die
innerhalb einer (innerstaatlichen) Rechtsordnung bestehenden Mittel
anhand der Grundzüge des Verhältnisses zwischen Völkerrecht und
innerstaatlichem Recht konzipiert[1], d. h. artikuliert und aktualisiert
werden. Wie noch zu zeigen sein wird, kommt den rechtstechnischen
Methoden eine wichtige Funktion im Hinblick auf die innerstaatliche
Stellung völkerrechtlicher Normen und insbesondere — was hier ausschließlich interessiert — der allgemeinen Regeln des Völkerrechts zu.

2. Die entwickelten Methoden sind grundsätzlich drei: die Transfor-
mations-, die Vollzugs- und die Adoptionsmethode. Dabei ist zu berücksichtigen, daß diese Methoden Varianten aufweisen. Hervorzuheben
sind insbesondere zwei Varianten, die wohl unter Umständen eine gewisse Selbständigkeit in Anspruch nehmen können. Es handelt sich um
die gemäßigte Transformations- und die gemäßigte Vollzugsmethode.
Die letztere ist — soweit ersichtlich — noch nicht systematisch vertreten und behandelt worden.

Im Schrifttum ist in bezug auf diese Methoden oft die Rede von
„Theorien"[2], „Lehren"[3] oder „Thesen"[4, 5]. Die Kennzeichnung „Theorie"

---

[75] Zu diesem Fragenkomplex, der an dieser Stelle nur angeschnitten wird,
vgl. ausführlich unten C, VI—VII.

[1] In diesem Sinne übereinstimmend *Rudolf*, aaO., S. 165, Fußn. 150. Anders
Partsch, Bericht, S. 25 und 5. These der Kommission (ebd., S. 157). *Partsch*
meint, es werde nicht als notwendig angesehen, den alten Theorienstreit
der Wissenschaft über das grundsätzliche Verhältnis zwischen Völkerrecht
und Landesrecht neu aufzurollen. Vgl. aber *dens.*, ebd., S. 19. Die Heranziehung des Theorienstreits läßt sich, wie sich aus den folgenden Ausführungen ergibt, nicht vermeiden.

[2] So etwa *Guggenheim*, WVR² Bd. III, S. 657; *Rudolf*, aaO., S. 151 ff.;

ist nicht zutreffend, da es sich hier lediglich um Methoden handelt, die sich aus den entwickelten Theorien zum Verhältnis zwischen Völkerrecht und innerstaatlichem Recht (Monismus, Dualismus u. a.) ableiten lassen. Ob ferner die Kennzeichnungen „Lehre" und „These", die sich bis zu einem gewissen Grade als neutraler erweisen, die Lösungen des zu erörternden Vorganges eher wiedergeben, mag dahingestellt bleiben. Gemäß der hier angenommenen Konzeption wird die Rede von Methoden sein.

Im folgenden werden diese Methoden skizziert und im Lichte ihrer theoretischen Konzeptionen und der Staatspraktiken kritisch behandelt. Deren Verhältnis zu den rechtstechnischen Mitteln wird erst später erörtert[6].

3. Nach der herkömmlichen *konsequenten Transformationsmethode* sind völkerrechtliche Normen einer unmittelbaren und unveränderten Geltung und Anwendung im Rahmen einer innerstaatlichen Rechtsordnung nicht fähig. Sie bedürfen vielmehr einer Umgießung, Umwandlung ins innerstaatliche Recht, die durch einen Transformationsakt erfolgt. Diese Umwandlung hat als Folgen: a) die Änderung ihres Geltungsgrundes, — sie werden Normen einer anderen, der innerstaatlichen Rechtsordnung, b) die Erstreckung ihres Geltungsbereichs auf neue Adressaten — die Subjekte der Rechtsordnung, in die sie umgewandelt worden sind, und c) die Veränderung ihres Inhaltes durch ihre Einführung in ein anderes Rechtssystem[7]. Diese drei Folgen hängen eng zusammen und lassen sich daher nicht trennen.

Die konsequente Transformationsmethode zieht durchaus die Konsequenzen aus der dualistischen Theorie, indem sie die Änderung des

---

Fragistas, Les conflits, S. 363 (théorie de la transformation, théorie de l'exécution ou de l'adoption); *Seidl-Hohenveldern,* VR, S. 107 f.

[3] Vgl. etwa *Mosler,* Praxis, S. 16 f.; *Partsch,* Bericht, S. 18 ff.; *Strebel,* Das Völkerrecht als Gegenstand, S. 514 ff; *Kimminich,* Das VR in der Rechtsprechung, S. 497; *Menzel,* Zuordnung, S. 68 ff.

[4] Etwa *Menzel,* VR, S. 54 ff.

[5] Häufiger wird andererseits vermieden, irgendeine Kennzeichnung zu verwenden. Dann wird von dem Transformationsvorgang oder von Transformation, Vollzug, Adoption, Inkorporierung gesprochen.

[6] Unten C, IV.

[7] Dazu vgl. vor allem *Triepel,* VR und LR, S. 111 ff.; interessant ist, daß Triepel in diesem Zusammenhang geschrieben hat (S. 112): „Aber daneben wird allerdings erhellen, daß in kleinem Umfange eine Aufnahme inhaltlich unveränderten Völkerrechts in den Rahmen des Landesrechts denkbar ist und vorkommt." Vgl. ferner *Anzilotti,* VR, insbesondere S. 45 ff. Zwar behauptet *Partsch* (aaO., S. 19), Anzilotti habe die Vollzugslehre begründet. Doch trifft dies, wie schon *Rudolf* (aaO., S. 164, Fußn. 145) überzeugend belegt hat, nicht zu. Dasselbe gilt mehr oder weniger für die Ausführungen von *Walz* (vgl. *Rudolf,* ebd.). Des weiteren s. *Guggenheim,* WVR[2] Bd. III, S. 656; *Partsch,* aaO., S. 18 f., und ebd. (S. 156) die 3. These der Komission; *Rudolf,* aaO., S. 158 ff., mit ausführlichen Nachweisen.

Geltungsgrundes, des Geltungsbereichs und des Inhaltes einer völkerrechtlichen Norm für ihre innerstaatliche Geltung bzw. Anwendung voraussetzt[8].

4. Nach der *konsequenten Vollzugsmethode* bedürfen wiederum die völkerrechtlichen Normen, damit sie im Bereich einer innerstaatlichen Rechtsordnung Geltung[9] und damit Anwendung erfahren, eines Staatsaktes des nach dem Verfassungsrecht jeweils zuständigen Organs. Dieser Staatsakt (Vollzugsbefehl) hat aber — im Gegensatz zu einem Transformationsakt, wie die 1. Studienkommission der Deutschen Gesellschaft für Völkerrecht betont[10] — die Bedeutung, die Anwendung der Völkerrechtsnorm innerstaatlich freizugeben, ohne ihren Geltungsgrund, ihre Adressaten und ihren Zusammenhang zu ändern. Ferner hat der Vollzugsbefehl keinen selbständigen materiellen Inhalt, sondern erfüllt eine Voraussetzung für die Geltung und Anwendung völkerrechtlicher Normen im innerstaatlichen Rechtsraum[11].

Ist nun nach der konsequenten Vollzugsmethode die innerstaatliche Geltung und Anwendung einer Völkerrechtsnorm von einem Staatsakt (Vollzugsbefehl) abhängig, so läßt sie sich nicht mit monistischen Theorien vereinbaren[12].

---

[8] Vgl. etwa *Rudolf*, aaO., S. 159: „Diese Theorie zieht nur die Konsequenz aus der dualistischen Völkerrechtskonzeption", und S. 163 f.

[9] Im folgenden wird davon ausgegangen, daß die Anwendung einer bestimmten Norm innerhalb einer gewissen Rechtsordnung deren Geltung voraussetzt. Logisch läßt sich die Anwendung anders nicht vorstellen. Wie nun diese Geltung konzipiert wird, ist eine ganz andere Frage, auf die hinsichtlich der hier interessierenden Problematik eingegangen wird. A. M. etwa neuerdings *Strebel*, Das VR als Gegenstand, S. 514, der meint, es wäre das besondere Anliegen der 1. Studienkommission der Deutschen Gesellschaft für Völkerrecht, durch Überprüfung der Transformationslehre und Herausarbeitung der Vollzugslehre die Beziehung des Landesrechts zum Völkerrecht von der Ebene der Geltung auf die der Anwendung zu verlagern. Dies trifft insofern nicht zu, als alle Methoden — bis auf die Adoptionsmethode — die Geltung voraussetzen und diese zu klären und darüber hinaus zu artikulieren bestrebt sind.

[10] These 4, bei *Partsch*, aaO., S. 157.

[11] Dazu vgl. vor allem *Partsch*, aaO., S. 19 ff., und ebd. (S. 156 f.) die 4. These der Kommission; *Rudolf*, aaO., S. 164 ff.

[12] Zwar hat *Partsch* (aaO., S. 19 f.) geltend gemacht, die Vollzugslehre werde sowohl von den Anhängern einer dualistischen Auffassung wie von Anhängern einer gemäßigten monistischen Auffassung vertreten. Seine Ausführungen in diesem Zusammenhang beweisen überzeugend — was allerdings nicht aus dem Text an dieser Stelle hervorgeht —, daß diese Methode mit der konsequenten dualistischen Theorie nichts gemeinsam hat. Andererseits steht sie keinesfalls in Übereinstimmung mit der konsequenten monistischen Theorie, denn dann wäre der Vollzugsbefehl offenbar überflüssig. Die Frage, ob die Vollzugsmethode sich mit der gemäßigten monistischen Theorie vereinbaren läßt, ist — wie die folgenden Ausführungen ergeben — abzulehnen.

5. Wie man die *Adoptionsmethode* formulieren und ausprägen kann, ist aus dem — allerdings äußerst unsystematischen — vorliegenden Schrifttum schwer zu ermitteln. Die Äußerungen hierzu sind oft widersprüchlich und führen deshalb zu Verwirrung. Unsere Aufgabe mag sich lediglich darauf beschränken, deren Hauptmerkmale zu schildern, um die drei Methoden und ihre Varianten überprüfen und angesichts der Behandlung der hier angeschnittenen Problematik erläutern zu können. Gemäß der Adoptionsmethode gelten die völkerrechtlichen Normen im innerstaatlichen Bereich automatisch, d. h. ohne jegliche Einmischung des Staates. Ein Staatsakt irgendwelchen Inhalts ist hierfür nicht erforderlich. Ist ein solcher vorhanden, so kommt ihm lediglich deklaratorische und nicht konstitutive Bedeutung zu. Nach ihr werden völkerrechtliche Normen als dem innerstaatlichen Recht „inkorporiert" angesehen, ohne irgendeine inhaltliche Veränderung zu erfahren[13, 14].

Die Adoptionsmethode läßt sich eher für allgemeine Regeln als für vertragliche Normen[15] vorstellen. Dies bedingt deren Inhalt und darüber hinaus die Besonderheiten und Unterschiede, die diese Völkerrechtsnormengruppen aufweisen. Ferner ist sie — wie Rudolf richtig[16] betont — mit der monistischen Auffassung untrennbar verbunden.

6. Bevor man die Methoden kritisch überprüft, muß man die Frage beantworten, ob das Völkerrecht von den Staaten verlangt, daß diese bei der Regelung der innerstaatlichen Stellung der allgemeinen Regeln eine von den oben skizzierten Methoden anzuwenden haben. Dies ist zweifelsohne zu verneinen. Indem — wie dargelegt — das Völkerrecht die Wahl der rechtstechnischen Mittel grundsätzlich dem Ermessen der Staaten überläßt, gilt dies um so mehr hinsichtlich der Methoden[17].

Eine weitere Erläuterung ist erforderlich. Die folgenden Betrachtungen beziehen sich streng auf die allgemeinen Regeln. Es mag daher nicht

---

[13] Dazu vor allem *Rudolf,* aaO., S. 151 ff. und insbesondere S. 153 f. Es ist jedoch Rudolf nicht gelungen, die Adoptionsmethode plastisch zu schildern, obwohl er die Ansätze dafür bietet.

[14] Konkreten Anlaß zur Vertretung und Verbreitung dieser Methode hat die Rechtsparömie „international law is a part of the law of the land", die *Blackstone* als Formel für eine en block-Inkorporierung des VR in das innerstaatliche Recht ausgeprägt hat. Ohne auf die geschichtliche Entstehung und Entwicklung dieser Formel einzugehen, läßt sich sagen, daß sie sich eher mit der gemäßigten Vollzugsmethode vereinbaren läßt. Dazu vgl. vor allem *Triepel,* aaO., S. 134 ff.; *Walz,* aaO., S. 278 ff.; *Rudolf,* aaO., S. 151 ff., der hierzu interessante Gedanken entwickelt.

[15] Das Gegenteil wäre nicht auszuschließen. Man denke hierbei z. B. an gewisse Teilkomplexe des Europarechts.

[16] aaO., S. 154 und S. 152, 158, wo es heißt: „Mit der dualistischen Völkerrechtskonzeption ist die Adoptionstheorie unvereinbar."

[17] So einstimmig die Mitglieder der Kommission; vgl. *Partsch,* Bericht, S. 41.

wundern, wenn die Heranziehung sämtlicher Völkerrechtsnormen, also im Grunde genommen der allgemeinen Regeln und der vertraglichen Normen oder auch nur der letzteren, zu mehr oder weniger anderen Ergebnissen führen würde.

Zwar müssen beide im Lichte der Eigentümlichkeiten des Völkerrechts gesehen werden. Die Besonderheiten, welche jeder völkerrechtliche Rechtsnormenkomplex (allgemeine Regeln, Verträge) aufweist, dürfen aber dabei nicht unberücksichtigt bleiben[18].

7. Triepel[19] hat als erster, von seiner dualistischen Völkerrechtskonzeption ausgehend, die konsequente Transformationsmethode systematisch entwickelt[20]. An dieser Methode ist schon relativ früh, besonders in Deutschland, Kritik geübt worden, die zur Ausprägung der gemäßigten Transformations- und der Vollzugsmethode geführt hat. Die Einwände gegen die konsequente Transformationsmethode sind schon im Schrifttum ausführlich erörtert worden[21]. Diese Methode entspricht nicht mehr den heutigen Realitäten und bietet keine praktikable Lösung des Problems, da sie die Wechselwirkung und den Zusammenhang zwischen Völkerrecht und innerstaatlichem Recht weitgehend außer acht läßt. Abgesehen davon erweist sie sich rein rechtsdogmatisch als widersprüchlich. Nimmt das innerstaatliche Recht *die Regelung der Stellung der allgemeinen Regeln des Völkerrechts* der konsequenten Transformationsmethode folgend vor, so ist zuzugestehen, daß somit eher neues, allerdings diesen Regeln entsprechendes (paralleles) innerstaatliches Recht gesetzt wird. Verändern die allgemeinen Regeln durch den Transformationsakt ihren Geltungsgrund, ihre Adressaten und ihren Inhalt, so fragt sich, was von ihnen als völkerrechtlichen Normen übrigbleibt. Bei dem Bemühen, diesen Widerspruch durch irgendeine abweichende Konstruktion zu vermeiden, wird die konsequente Transformationsmethode praktisch in eine gemäßigte Form verwandelt.

8. Ist nach der Adoptionsmethode — wie hier angenommen wird — die Geltung und Anwendung der allgemeinen Regeln von keinem Staatsakt abhängig, so führt diese Annahme selbst zu deren Ablehnung. Zwar läßt sich die Adoptionsmethode durchaus vertreten. Rechtstheoretisch kann man sie sogar nicht ignorieren, da sie auf der monistischen Theorie beruhend den Vorgang der Regelung der innerstaat-

---

[18] In diesem Sinne sind auch die Thesen der Kommission zu verstehen; vgl. die Thesen 11 und 15.

[19] aaO., insbes. S. 111 ff.

[20] Allerdings sind die hierzu zusammenfassenden Ausführungen von *Anzilotti* (aaO., S. 46) beispielhaft und wurden als 3. These von der Kommission übernommen; vgl. *Partsch*, aaO., S. 156.

[21] Vgl. dazu vor allem *Mosler*, Praxis, S. 13 ff., 40; *ders.*, Application, insbesondere S. 642 ff.; *Partsch*, aaO., S. 18 ff.; *Rudolf*, 158 ff.

lichen Stellung völkerrechtlicher Normen erklärt[22]. Sie geht allerdings von einer Hypothese aus, die das Völkerrecht selbst nicht vorschreibt, entspricht daher den heutigen Realitäten nicht und wird nach richtiger Ansicht von keiner innerstaatlichen Rechtsordnung bestätigt[23]. Außerdem hat die Adoptionsmethode für die in Betracht gezogenen Rechtsordnungen nie praktische Bedeutung gewonnen[24].

9. Erweist sich die konsequente Transformationsmethode als unhaltbar, so gilt dies zumindest prima facie nicht für die *gemäßigte Transformationsmethode*. Rudolf bezeichnet sie sogar als die „beste Lösung"[25] des angeschnittenen Problems. Demgegenüber meint die 1. Studienkommission der Deutschen Gesellschaft für Völkerrecht, die Anwendung allgemeiner Regeln des Völkerrechts im Landesrecht werde nicht auf dem Wege der Transformation, sondern durch einen Vollzugsbefehl (besser) gesichert[26]. Die Kommission schließt indes die Transformationsmethode nicht aus, indem sie die Ansicht vertritt, die Konstruktion einer antizipierenden Transformation des jeweiligen Bestandes sei mit den Grundlagen und auch dem rechtspolitischen Anliegen der Transformationslehre schlecht vereinbar und käme einer verdeckten Anwen-

---

[22] So zutreffend *Rudolf,* aaO., S. 157 f.

[23] Da die Vollzugsmethode erst nach den Arbeiten der 1. Studienkommission der Deutschen Gesellschaft für VR deutlich formuliert wurde, wird sie im Schrifttum oft mit der Adoptionsmethode verwechselt. So spricht *Fragistas* (Les conflits, S. 363) von „la théorie de l'exécution (richtig!) ou de l'adoption". Als unzutreffend ist auch die Verwendung der Ausdrücke „Inkorporation" und „Adaption" bei *Maunz-Dürig* (Kommentar Bd. I, Art. 25, Rdnr. 8, 9) anzusehen. Im übrigen bereitet die Übertragung der Adoptions- und der Vollzugsmethode in die englische Sprache gewisse Schwierigkeiten. *Seidl-Hohenveldern* etwa (Transformation, S. 88) spricht im Anschluß an *Mosler* (Application, S. 649) von „adoption" im Gegensatz zu „transformation". Damit kommt aber der Unterschied zwischen Vollzugs- und Adoptionsmethode nicht zum Ausdruck; in diesem Sinne auch die englische Übersetzung der 4. These der Kommission: „According to the adoption-doctrine" (*Partsch,* aaO., S. 173).
Davon ausgehend werden manche relevante Vorgänge im Lichte der Adoptionsmethode geklärt, während sie sich besser mit der Vollzugsmethode vereinbaren ließen. Ein vorzügliches Beispiel liefert hierfür die im common law geltende Rechtsparömie „international law is a part of the law of the land". Geht man richtig davon aus, daß die auf ihr beruhende Geltung und Anwendung allgemeiner Regeln im innerstaatlichen Bereich ein Gebot des common law (Gewohnheit bzw. Rechtsprechung) darstellt, so muß man annehmen, daß auch in diesem Falle Geltung und Anwendung nicht unabhängig von einem Staatsakt sind. Dazu vgl. neben dem oben (Fußn. 14) angeführten Schrifttum *Dickinson Edwin,* Changing concepts and the doctrine of incorporation, AJIL Bd. 26 (1932), S. 239 ff.

[24] Allgemein zu den Einwänden gegen die Adoptionsmethode vgl. vor allem *Rudolf,* aaO., S. 153 ff., mit weiteren Nachweisen.

[25] aaO., S. 171.

[26] These 20 a der Kommission bei *Partsch,* aaO., S. 162.

dung der Vollzugslehre gleich[27]. Die Kommission unterscheidet allerdings bei der Behandlung der Transformationsmethode nicht zwischen deren Varianten. Dadurch wird die Entwicklung, die diese Methode genommen hat, auf eine unzulässige Art und Weise vernachlässigt.

Vor allem hat sich Rudolf um eine Erklärung der gemäßigten Transformationsmethode bemüht und weitgehend Klarheit geschaffen[28]. Rudolf drückt diese Methode folgendermaßen aus: „Die rechtliche Bedeutung einer so verstandenen Transformation besteht darin, daß vermittels eines staatlichen Anwendungsbefehls die völkerrechtliche Norm inhaltlich in eine solche des staatlichen Rechts unter Änderung der Normadressaten umgewandelt wird, ohne daß jedoch der ursprüngliche Systemzusammenhang der transformierten Norm mit dem Völkerrecht zerrissen wird[29]." Andere abweichende Konstruktionen sind denkbar, doch leiden sie — wie noch zu zeigen sein wird— an denselben oder ähnlichen Widersprüchen.

Rudolf geht davon aus, daß die gemäßigte Transformationsmethode partiell die Umwandlung einer völkerrechtlichen Norm in eine solche des innerstaatlichen Rechts zur Folge hat, d. h. nur, was die Änderung der Normadressaten anbelangt. Auf die Frage, ob dadurch die Änderung des Geltungsgrundes und des Inhaltes vollzogen wird, geht er lediglich mittelbar ein. Aus den in diesem Zusammenhang vorgetragenen Gedanken ist jedoch zu entnehmen, daß bei dem Transformationsvorgang zumindest der Inhalt der transformierten Norm unberührt bleibt, weil der ursprüngliche Systemzusammenhang der Norm mit dem Völkerrecht nicht zerrissen wird[30]. Gerade hier liegt aber der Widerspruch. Die Änderung der Normadressaten führt zwangsläufig zur Änderung des Inhaltes einer Norm. Inhalt und Normadressaten stehen miteinander in engem Zusammenhang. Der Transformationsvorgang kann sich nicht auf irgendwelche isoliert zu betrachtenden Tatbestandsmerkmale einer völkerrechtlichen Norm bzw. eines Normenbündels beziehen. Das Gegenteil trifft zu: Er betrifft einheitlich die zu transformierende Norm.

Somit zeigt sich, daß die gemäßigte Transformationsmethode von Widersprüchlichkeiten, die der konsequenten Transformationsmethode

---

[27] These 11 ebd., S. 159. Diese These bezieht sich nur auf allgemeine Regeln des VR.

[28] aaO., insbesondere S. 167 ff.

[29] Ebd., S. 171.

[30] Jedenfalls sind die *Rudolf*schen Ausführungen zweideutig. Er meint einerseits, die völkerrechtliche Norm werde inhaltlich in eine solche des staatlichen Rechts (unter Änderung der Normadressaten) umgewandelt, während andererseits der ursprüngliche Systemzusammenhang der transformierten Norm mit dem Völkerrecht nicht zerrissen werde (aaO., S. 171). Außerdem ist bei individualgerichteten völkerrechtlichen Normen die Änderung der Normadressaten nicht erforderlich.

innewohnen, belastet bleibt[31]. Von dieser Belastung kann sie nicht befreit werden, weil sie darauf angewiesen ist, auf die drei Folgen der konsequenten Transformationsmethode (Änderung des Geltungsgrundes, der Normadressaten und des Inhaltes) Rücksicht zu nehmen und diese, je nach den angewandten Kriterien, zu akzeptieren oder abzulehnen. Diese Betrachtungsweise erweist sich als unzulässig formalistisch. Will man diese Schwäche über den Umweg der Vollzugsmethode vermeiden, so gelangt man zu der gleich unten vertretenen gemäßigten Vollzugsmethode.

10. Rudolf übt Kritik an der Vollzugsmethode, indem er nur deren konsequente Ausprägung ins Auge faßt[32]. Er behauptet zwar, Vollzugs- und Adoptionslehre seien Bezeichnungen derselben Theorie und gelangt zu diesem Ergebnis aus folgendem Grund: Habe der Vollzugsbefehl keinen selbständigen materiellen Charakter, so komme ihm keine andere Wirkung als die des Adoptionsaktes nach der neueren Adoptionslehre zu[33]. Geht man jedoch richtig davon aus, daß die Adoptionsmethode diejenige Methode ist, welche Geltung und Anwendung völkerrechtlicher Normen auf dem Monismus basierend zu erklären versucht, so trifft diese Rudolfsche Behauptung nicht zu. Nach der Vollzugsmethode erfolgt der betreffende Vorgang durch einen Staatsakt. Während nach der Vollzugsmethode dem (erforderlichen) Staatsakt konstitutive Bedeutung zukommt, ist dies nach der Adoptionsmethode nicht der Fall. Gemäß dieser hat der (evtl. existierende) Staatsakt lediglich deklaratorische Bedeutung. Darin liegt ein wesentlicher Unterschied zwischen diesen beiden Methoden. Aus diesem Unterschied eben ergibt sich, daß die Vollzugsmethode mit dem Monismus nichts gemeinsam hat, sondern dem gemäßigten Dualismus nahesteht[34].

Der Vollzugsbefehl schafft gemäß der konsequenten Vollzugsmethode kein Recht, sondern erklärt nur Recht für vollziehbar[35]. Dagegen hat Rudolf eingewandt, der Anwendungsbefehl schaffe insofern trotzdem

---

[31] Die *Rudolf*sche Konzeption weicht von der konsequenten Transformationsmethode wesentlich ab. Sie im Lichte der letzteren zur sehen, würde offensichtlich deren Entstellung bedeuten. Übrigens läßt Rudolf dies eindeutig erkennen, wenn er von einer „kritisierten" oder „modifizierten" Transformationslehre spricht (aaO., S. 167).

[32] Ähnlich wie die Kommission unterscheidet er nicht zwischen konsequenter und gemäßigter Vollzugsmethode; dazu vgl. gleich oben. Bei *Rudolf* scheint dies allerdings gerechtfertigt zu sein, da die gemäßigte Vollzugsmethode keine eindeutige Ausprägung erfahren hatte.

[33] aaO., S. 165.

[34] Anders unrichtig *Rudolf* (S. 165), der ausdrücklich schreibt: „Insbesondere ist die Vollzugslehre nur bei monistischer Völkerrechtskonzeption verständlich."

[35] Vgl. *Partsch*, aaO., S. 22. So lautet auch die 4. These der Komission (ebd., S. 156 f.).

Recht[36]. Im Ergebnis ist Rudolf zuzustimmen, nicht aber in der Begründung. Zwar schafft der Vollzugsbefehl Recht, indem er den Weg der Geltung und Anwendung allgemeiner Regeln im innerstaatlichen Bereich frei macht, nicht aber, indem er ihnen erst „innerstaatlich die Rechtsqualität verleiht"[37].

Die allgemeinen Regeln sind Rechtsnormen und müssen als solche nicht als Tatsachen angesehen werden. Hier geht es nur um die Regelung ihrer innerstaatlichen Stellung. Insofern ist es also zunächst gleichgültig, ob sie für vollziehbar erklärt oder ins innerstaatliche Recht umgegossen werden.

Es fragt sich nun, ob der Vollzugsbefehl andere Auswirkungen, als die Geltung und Anwendung der allgemeinen Regeln innerstaatlich freizugeben, entfaltet. Nach der konsequenten Ausprägung der Vollzugsmethode ist dies wohl abzulehnen, während es nach der gemäßigten Ausprägung zu bejahen ist. Um die weiteren Bemerkungen fruchtbarer zu machen, wird ein analoges rechtliches Phänomen aus dem Bereich des internationalen Privatrechts (IPR) in Betracht gezogen[38].

Diese parallele Betrachtung ist jedoch unter Vorbehalt aufzunehmen, weil die innerstaatlich zu regelnden Rechtsmassen ganz verschieden sind. Einerseits handelt es sich um ausländisches (innerstaatliches) Privatrecht[39], andererseits um allgemeine Regeln des Völkerrechts. Nach richtiger Ansicht ist das durch international-privatrechtliche Normen (Kollisionsnormen) innerhalb einer nationalen Rechtsordnung für anwendbar erklärte und daher geltende[40] Recht eines fremden Staates so auszulegen und anzuwenden, wie es in seinem Heimatstaat ausgelegt und angewandt würde. Um mit den Worten unserer Problematik zu sprechen, die Funktion einer IPR-Norm beschränkt sich prima facie darauf, die an gewisse Voraussetzungen anknüpfende Geltung und Anwendung einer Norm bzw. eines Normenbündels freizugeben, ohne ihren Geltungsgrund und ihren Inhalt zu ändern. Infolgedessen erschöpft sich

---

[36] *Rudolf*, aaO., S. 166.

[37] *Rudolf*, ebd.

[38] Vgl. den Versuch von *Kraus* (Der deutsche Richter, S. 229), mit IPR-Kategorien zu operieren; dazu *Rudolf*, aaO., S. 169. Vgl. auch neuerdings den von *Strebel* (aaO., S. 514 ff.) systematisch und ausführlich unternommenen ähnlichen Versuch.

[39] Die Vorbehalte ließen sich z. T. herabsetzen, falls hierbei die Heranziehung eines „internationalen öffentlichen Rechts" überhaupt möglich wäre. Zu diesem „Rechtszweig" vgl. etwa *Kegel*, IPR[3], S. 438 ff.

[40] Daß das innerhalb einer fremden Rechtsordnung anzuwendende ausländische Recht gelten muß, wird in der Regel in der IPR-Theorie übersehen. Daß aber die Geltung vorausgesetzt wird, bezeugt etwa eine in diesem Zusammenhang spontane Äußerung von *Wolff* (IRP, 3. Aufl., 1954, S. 85): „Hat der Richter ein bestimmtes ausländisches Recht anzuwenden, so hat er *geltendes* Recht anzuwenden."

die Funktion einer IPR-Norm — ähnlich wie der Vollzugsbefehl nach der konsequenten Vollzugsmethode — darin, daß sie fremdem (materiellem) Recht innerhalb einer ausländischen Rechtsordnung Geltung und Anwendung verschafft[41].

Berücksichtigt man die Praxis, so sieht man, daß die Auslegung einer Norm des ausländischen Rechts nach seinen entsprechenden Auslegungsregeln, von technischen Schwierigkeiten einmal abgesehen, durchaus möglich sein mag. Bei der Anwendung aber stellt man fest, daß diese (nach der schon vorgenommenen Auslegung) bei der Beurteilung eines Rechtsstreits fast immer im Zusammenhang mit Normen der lex fori (Prozeßrecht u. a.) erfolgt. Dies weist darauf hin, daß die Normen des ausländischen Rechts in einem Ausmaße, das von Fall zu Fall variiert, anhand von Normen des inländischen Rechts artikuliert werden. Daraus ergibt sich, daß diese Normen bei ihrer Anwendung im Rahmen einer ausländischen Rechtsordnung, weil sie mannigfaltig in Berührung mit den Normen des letzteren kommen, modifiziert werden. Dies trifft auch dann zu, wenn die Auslegungsregeln und sonstigen Eigentümlichkeiten des betreffenden fremden Rechts berücksichtigt werden.

Ein ähnlicher Vorgang findet bei der (innerstaatlichen) Anwendung völkerrechtlicher Normen und insbesondere allgemeiner Regeln des Völkerrechts statt. Dabei handelt es sich — nach der vorgeschriebenen Geltung — um die innerstaatliche Anwendung einer bereits existierenden, dem innerstaatlichen Recht fremden Rechtsmasse. Nach der konsequenten Vollzugsmethode entfaltet der Vollzugsbefehl keine anderen Wirkungen als die Geltung und Anwendung der allgemeinen Regeln innerstaatlich freizugeben. Dies bedeutet, daß nicht nur deren Auslegung, sondern auch deren Anwendung nach den Grundsätzen und den Eigentümlichkeiten des Völkerrechts erfolgen soll. Das innerstaatliche Recht habe darauf keinen Einfluß. Es ist offensichtlich, daß diese Methode, zumindest heutzutage, nicht imstande ist, den Realitäten und der Praxis zu entsprechen. In der Tat erfolgt die Anwendung einer allgemeinen Regel des Völkerrechts im innerstaatlichen Rechtsraum fast immer im Zusammenhang mit Normen des innerstaatlichen Rechts. Nur auf diese Weise kann ein Rechtsproblem, bei dem eine allgemeine Regel als Vorfrage oder in der Hauptrechtssache eine Rolle spielt, beurteilt werden.

Wird die Auslegung einer allgemeinen Regel gemäß den Auslegungsgrundsätzen des Völkerrechts vollzogen[42], so kommt die so ausgelegte

---

[41] Dazu allgemein vgl. *Wolff*, M., IPR[3], S. 84 ff.; *Evrigenis*, D., Die Anwendung ausländischen Rechts, 1956; *Raape*, IPR[5], S. 120 ff.; *Dölle*, IPR, S. 107 ff.; *Makarov*, IPR, S. 91 ff.; *Kegel*, IPR[3], S. 197 ff.

[42] Jedoch ist auch bei einem solchen (reinen) Auslegungsvorgang die Ein-

Regel meistens zwangsläufig in Berührung mit anderen Normen des innerstaatlichen Rechts und wird im Zusammenhang mit den letzteren angewandt. Diese Berührung erzeugt ein Netz von gegenseitigen Wirkungen zwischen den allgemeinen Regeln des Völkerrechts — dasselbe dürfte im Hinblick auf die Vertragsnormen angenommen werden — und den innerstaatlichen Normen, welches jeweils die Wechselwirkung zwischen Völkerrecht und innerstaatlichem Recht widerspiegelt. Die Praxis, vor allem Gerichtsurteile, bezeugt und bestätigt dies. Dieser Vorgang modifiziert die allgemeinen Regeln bei deren Anwendung im innerstaatlichen Bereich. Umgekehrt bleiben in einem solchen Falle die Normen des innerstaatlichen Rechts von den allgemeinen Regeln des Völkerrechts nicht einflußfrei. Auf die Frage, die an sich Thema einer selbständigen Studie sein sollte, wie sich diese Veränderung im einzelnen vollzieht, näher einzugehen, würde den Rahmen dieser Arbeit überschreiten.

11. Aus den obigen Bemerkungen ist zu folgern, daß die konsequente Vollzugsmethode rechtsdogmatisch nicht unanfechtbar ist und den Realitäten nicht genügend Rechnung trägt. Einer modifizierten, gemäßigten Ausprägung dieser Methode gelingt es eher, der Praxis zu genügen und auf die festgestellte Wechselwirkung und den Zusammenhang zwischen Völkerrecht und innerstaatlichem Recht Rücksicht zu nehmen. Im folgenden wird versucht, die *gemäßigte Vollzugsmethode* zu formulieren.

Für die Geltung und Anwendung völkerrechtlicher Normen und insbesondere allgemeiner Regeln im innerstaatlichen Bereich bedarf es eines Staatsaktes (Vollzugsbefehl). Dieser Vollzugsbefehl erzeugt ein Netz von gegenseitigen Wirkungen zwischen völkerrechtlichen Normen und solchen des innerstaatlichen Rechts, das jeweils die Wechselwirkung und den Zusammenhang zwischen Völkerrecht und innerstaatlichem Recht wiedergibt. Dadurch erfolgt eine Veränderung der völkerrechtlichen Normen. Insofern kommt dem Vollzugsbefehl ein selbständiger materieller Inhalt zu.

Die gemäßigte Vollzugsmethode braucht nicht auf die formalistischen Elemente der konsequenten Transformationsmethode, die z. T. auch in deren gemäßigten Form enthalten sind (Geltungsgrund, Normadressaten, Inhalt), zurückzugreifen, um den Vorgang der Regelung der Stellung der allgemeinen Regeln des Völkerrechts im innerstaatlichen Bereich zu erklären. Somit vermeidet sie die Widersprüche, die einer

---

flußnahme des innerstaatlichen Rechts nicht zu vermeiden; dasgleiche ist auch umgekehrt für die Einflußnahme des VR auf das innerstaatliche Recht anzunehmen, wenn Normen des letzteren im Zusammenhang mit völkerrechtlichen Normen ausgelegt werden.

gemäßigten Transformationsmethode anhaften. Darüber hinaus erweist sie sich als elastisch, entspricht den Erfordernissen der Praxis und wird dem heutigen Verhältnis zwischen Völkerrecht und innerstaatlichem Recht am ehesten gerecht. Zwar könnte man behaupten, die gemäßigte Vollzugsmethode sei weniger völkerrechtsfreundlich als die konsequente Vollzugsmethode. Diese Behauptung läßt sich aber mit dem Argument widerlegen, daß die Öffnung des innerstaatlichen Rechts zum Völkerrecht nicht nur auf rechtstechnischer Ebene stattfinden kann. Hierzu bedarf es noch einer Förderung dieser Öffnung auf materiellrechtlicher Ebene. Außerdem verzichtet die gemäßigte Vollzugsmethode keinesfalls — im Rahmen des Möglichen — auf die Bewahrung des Systemzusammenhangs der innerstaatlich für vollziehbar erklärten völkerrechtlichen Norm mit dem Völkerrecht.

Diese kurzen Bemerkungen zur Methodenfrage stellen nur einen kleinen Schritt zur Ausarbeitung „der neuen Seite im Buch der deutschen Völkerrechtstheorie"[43] dar.

IV. Das Verhältnis der rechtstechnischen Mittel zu den rechtstechnischen Methoden

1. Die dargelegten Methoden sind entwickelt worden, um die von den rechtstechnischen Mitteln jeweils vorgenommene Regelung der Stellung völkerrechtlicher Normen im innerstaatlichen Bereich zu erklären. Ihre Funktion erschöpft sich aber nicht nur darin, und daher ist ihre Bedeutung keineswegs nur theoretisch[1]. Die rechtstechnischen Methoden tragen vielmehr zur Lösung vieler mit diesem Vorgang zusammenhängender Probleme bei, weil die rechtstechnischen Mittel nicht endgültig darüber entscheiden, wie die Regelung der Stellung der Völkerrechtsnormen innerstaatlich erfolgen soll. Hierfür bedarf es gerade der Heranziehung einer bestimmten rechtstechnischen Methode. Daraus ergibt sich, daß die rechtstechnischen Mittel und die rechtstechnischen Methoden untereinander in engem Zusammenhang stehen. Dies läßt sich anhand eines konkreten Beispiels eindeutig aufzeigen. Art. 25 GG bestimmt, daß die allgemeinen Regeln des Völkerrechts als Bestandteil des Bundesrechtes anzusehen sind, entscheidet aber nicht darüber, ob etwa die Rechtsanwendungsorgane diese Regeln als im innerstaatlichen Recht geltende oder in das innerstaatliche Recht eingefügte Normen zu beachten haben.

Es fragt sich nun, in welchem Verhältnis die rechtstechnischen Mittel und Methoden zueinander stehen. Dies ist aus der jeweils in Betracht

---

[43] Nach *Menzel,* Zuordnung, S. 72.
[1] Vgl. vor allem *Partsch,* Bericht, S. 14 ff., und neuerdings *Kimminich,* Das VR in der Rechtsprechung, S. 500.

kommenden (innerstaatlichen) Rechtsordnung zu entnehmen. Da die rechtstechnischen Mittel fast in jedem Staat[2] verschieden sind, läßt sich dieses Verhältnis schwer oder kaum allgemein darlegen. Kurz ist hierzu nur folgendes zu bemerken: Je präziser die rechtstechnischen Mittel erscheinen, desto weniger sind sie auf die Methoden angewiesen. Dennoch kann eine solche Präzisierung nicht die Mittel von den Methoden unabhängig machen. Dies trifft selbst dann zu, wenn ein Mittel eindeutig eine bestimmte Methode übernimmt bzw. sanktioniert. Freilich tritt in einem solchen Falle die Abhängigkeit in den Vordergrund.

Die Tatsache, daß das innerstaatliche Recht hinsichtlich der Regelung der Stellung der allgemeinen Regeln über mehrere Mittel verfügen kann, erweckt den Anschein, als ob daraus gewisse Schwierigkeiten entstehen könnten, weil die Rechtsanwendungsorgane nicht nur eine Methode praktizieren würden. Diese Schwierigkeiten sind aber weitgehend theoretischen Charakters. Jede innerstaatliche Rechtsordnung tritt einheitlich in Erscheinung. Deshalb ist anzunehmen, daß im Hinblick auf die allgemeinen Regeln einer einzigen Methode der Vorzug eingeräumt wird[3].

Im folgenden wird das Verhältnis zwischen Mitteln und Methoden innerhalb der zu untersuchenden Rechtsordnungen zu erörtern sein. In Betracht gezogen werden die konsequente und die gemäßigte Transformations- bzw. Vollzugsmethode. Dagegen wird die Adoptionsmethode nur am Rande berücksichtigt.

2. Art. 25 GG stellt das rechtstechnische Mittel dar, das die Stellung der allgemeinen Regeln des Völkerrechts im deutschen Recht grundsätzlich regelt. Es fragt sich daher, ob er zugunsten einer Methode und gegebenenfalls welcher entscheidet. Diese Frage wurde im Rahmen der Arbeiten der ersten Studienkommission der Deutschen Gesellschaft für Völkerrecht ausführlich behandelt[4]. Partsch faßt die Ergebnisse der diesbezüglichen Diskussion folgendermaßen zusammen: Da eine bestimmte theoretische Festlegung des (deutschen) Verfassungsrechts weder dem Wortlaut des Art. 25 GG zu entnehmen noch aus seinen Materialien zu folgern ist[5] kann er dogmatisch sowohl im Sinne der

---

[2] Die Rechtslage hierzu ist für Länder, die dem common law-Rechtskreis angehören, weitgehend anders zu entscheiden. Die obige Bemerkung betrifft also grundsätzlich Staaten, die dem kontinentalen Rechtssystem angehören.

[3] Anders wäre vielleicht die Frage zu entscheiden, wenn zugleich auch die Völkervertragsnormen in Betracht gezogen würden. Vgl. etwa *Partsch*, aaO., S. 26 f.

[4] Siehe *Partsch*, aaO., S. 48 ff.

[5] Gemäß der Formulierung von *Meyer-Lindenberg/von Schenck* (ebd., S. 48).

Vollzugslehre wie auch der Transformationslehre gedeutet werden[6]. Diese Feststellung, die Partsch ausreichend belegt hat[7], wurde nicht ernsthaft in Frage gestellt[8]. Sie ist als richtig anzunehmen[9].

3. Ist aus Art. 25 GG keine Entscheidung zugunsten einer Methode zu entnehmen, so bleibt zu prüfen, wie die Rechtsanwendungsorgane diese Bestimmung im Hinblick auf die Methoden verstehen. Aus zwei Gründen vor allem sind die Entscheidungen des Bundesverfassungsgerichts heranzuziehen: Einerseits zeigen sie am besten die Entwicklung der Rechtsprechung hinsichtlich der hier angeschnittenen Problematik auf, während sie andererseits die Ergebnisse der betreffenden Diskussion berücksichtigen[10, 11].

Aus der Rechtsprechung des Bundesverfassungsgerichts ist kein einziges Urteil zu entnehmen, das für die Adoptionsmethode sprechen würde. Zwar könnte man behaupten, es habe nicht an Entscheidungen gefehlt, bei denen diese Methode in den Vordergrund getreten sei[12].

---

[6] Ebd., S. 52; vgl. noch die 10. These der Kommission (S. 158).

[7] aaO., insbesondere S. 49 ff. Dazu vgl. ferner *Matz*, Entstehungsgeschichte des GG, Art. 25, JöR Bd. 1 (1951), S. 229 ff., und *Rudolf*, VR und dt. Recht, S. 247 ff.

[8] *Ophüls* hat allerdings die Ansicht vertreten, Art. 25 GG sei im Gegensatz zu Art. 59 GG eine Ablehnung der Transformationslehre zu entnehmen, während *Schaumann* meint, Art. 25 bereite dem Gegner der Transformationslehre weniger Schwierigkeiten als Art. 59 GG (vgl. *Partsch*, aaO., S. 48). Diese Aussagen können aber nicht die diesbezügliche Stellungnahme der überwiegenden Mehrheit der Mitglieder der Kommission erschüttern.

[9] Im übrigen sieht die Kommission zutreffend den Übergang von der Transformations- zur Vollzugslehre nicht als von einer Änderung des Art. 25 GG abhängig an; vgl. *Partsch*, aaO., S. 148, 150 ff., und ebd. (S. 163) die 21. These der Kommission.

[10] Vgl. vor allem die Beschlüsse des BVerfG vom 7. April 1965 (E, Bd. 18, insbesondere S. 448) und vom 3. Dezember 1969 (E, Bd. 27, insbesondere S. 274).

[11] Berücksichtigt werden die in den Bänden 1—29 der amtlichen Sammlung veröffentlichten Entscheidungen des BVerfG. Für die Übersicht der Rechtsprechung des Gerichts zum Art. 25 GG vgl. *Kimminich*, Das VR in der Rechtsprechung, S. 485 ff.; *Leibholz-Rinck*, GG, Kommentar, Art. 25.

[12] Vgl. etwa BVerfGE, Bd. 1, S. 233 und in der letzten Zeit den Beschluß vom 7. April 1965 (BVerfGE, Bd. 18, S. 448 f.), wo es heißt: „Nur einige elementare Rechtsgebote werden als vertraglich unabdingbare Regeln des Völkergewohnheitsrechts anzusehen sein. Die Qualität solcher zwingenden Normen wird nur jenen in der Rechtsüberzeugung der Staatengemeinschaft fest verwurzelten Rechtssätzen zuerkannt werden können, die für den Bestand des Völkerrechts als einer internationalen Rechtsordnung unerläßlich sind und deren Beachtung alle Mitglieder der Staatengemeinschaft verlangen können." Wollte man es bei diesem Auszug des Beschlusses belassen, so ließe sich die Folgerung ziehen, Rechtsgebote, die einen zwingenden Charakter (jus cogens) aufweisen, sollten automatisch im deutschen Recht gelten. Dies trifft aber insofern nicht zu, als solche Rechtsgebote eben allgemeine Regeln des VR darstellen und daher eines Staatsaktes bedürfen, damit sie innerstaatlich Geltung erlangen. Im übrigen vertritt diese Ansicht

Dies läßt sich aber leicht widerlegen: Grundlage bei der Anwendung allgemeiner Regeln seitens des Gerichts ist stets Art. 25 GG gewesen. Es besteht kein Zweifel[13] daran, daß das Bundesverfassungsgericht dieser Bestimmung konstitutive Bedeutung beigemessen hat.

Das Bundesverfassungsgericht hat dagegen — zumindest bis zum Beschluß vom 7. April 1965 — eine Neigung zur Transformationsmethode gezeigt. Zwar vermied es, das Wort „Transformation" zu erwähnen[14], die Wendungen, die es gebraucht hat, lassen sich aber zunächst mit der gemäßigten Transformationsmethode[15] vereinbaren[16]. Gegen diese Rechtsprechung hat sich Mosler[17] gewandt und auf die Notwendigkeit ihrer Wandlung zu Lasten der Transformationsmethode hingewiesen. Der Weg dafür war aber erst geebnet, nachdem die Kommission die Vollzugsmethode klar formuliert hatte. Es ist deshalb nicht zufällig, daß die Wandlung der Rechtsprechung des Bundes-

---

auch das BVerfG in der erwähnten Entscheidung (ebd., S. 448). Zu ihrer Problematik vgl. *Riesenfeld,* Stefan, Jus dispositivum and jus cogens in international law, AJIL, Bd. 60 (1966), S. 511 ff.

[13] Vgl. die im folgenden zitierten Entscheidungen des BVerfG.

[14] Dies ist nur im Konkordatsurteil (26. März 1957) der Fall gewesen. Dort heißt es wörtlich: „Diese Bestimmung (Art. 25 GG) bewirkt, daß diese Regeln ohne ein Transformationsgesetz, also unmittelbar, Eingang in die deutsche Rechtsordnung finden ..." (BVerfGE, Bd. 6, S. 363).

[15] Ansätze, die für die konsequente Transformationsmethode sprechen würden, sucht man — hinsichtlich der allgemeinen Regeln — vergeblich bei den Entscheidungen des BVerfG.

[16] Vgl. BVerfGE, Bd. 1, S. 52: „Für die Anwendung völkerrechtlicher Normen, die durch Art. 25 GG Bundesrecht geworden sind ..."; BVerfGE, Bd. 6, S. 363: „Art. 25 GG räumt nur den ‚allgemeinen Regeln des Völkerrechts' den Charakter innerstaatlichen Rechts ein"; BVerfGE, Bd. 15, S. 33: „Art. 25 Satz 1 GG erklärt die allgemeinen Regeln des Völkerrechts zum Bestandteil des Bundesrechts", und weiter (S. 33 f.): „Die unmittelbare Berechtigung und Verpflichtung des Einzelnen durch die Völkerrechtsregel ergibt sich schon aus der Eingliederung der Regel in das Bundesrecht durch Satz 1. Art. 25, Satz 2, Halbsatz 2 besagt also lediglich, daß die allgemeinen Regeln des Völkerrechts die gleichen Rechtswirkungen für und gegen den Einzelnen haben wie (sonstiges) innerstaatliches Recht ..." Dieser Auszug spricht aber zum Teil die Sprache der Vollzugsmethode (so zutreffend *Partsch,* aaO., S. 55).
Darüber hinaus sind Entscheidungen des BVerG anzutreffen, welche schlechthin die Worte von Art. 25 GG wiederholen. Vgl. etwa BVerfGE, Bd. 1, S. 239; BVerfGE, Bd. 14, S. 237. In diesem Sinne auch BGH: BGHSt, Bd. 3, S. 394; BGHSt, Bd. 5, S. 234.
Dennoch ist zweifelhaft, ob das BVerfG jemals die gemäßigte Transformationsmethode praktiziert hat. Eine nähere Nachprüfung hätte vielleicht ermittelt, daß es nicht bewußt der gemäßigten Vollzugsmethode den Vorzug eingeräumt hat. Eine solche Nachprüfung erübrigt sich nach der Wandlung seiner Rechtsprechung.

[17] Praxis, S. 15 ff. Hinsichtlich der allgemeinen Regeln schreibt *Mosler* (S. 40): „Art. 25 enthält keinen Generaltransformator des allgemeinen Völkerrechts in innerdeutsches in der Weise, daß die allgemeinen Regeln in deutsches Recht umgegossen werden."

verfassungsgerichts zugunsten der Vollzugsmethode nach der Publikation des Partschen Berichts und der Thesen der Kommission begonnen hat[18].

Die Wandlung der Rechtsprechung des Bundesverfassungsgerichts wurde grundsätzlich durch den Beschluß vom 7. April 1965[19] eingeleitet. Der relevante Auszug dieses Urteils lautet: „Nach Art. 25 GG werden allgemeine Völkerrechtsregeln Bestandteil des Bundesrechts nur mit ihrem jeweiligen Inhalt und in ihrer jeweiligen Tragweite. Art. 25 GG *öffnet ihnen die deutsche Rechtsordnung nur im Bestand ihrer völkerrechtlichen Geltung*"[20] (Hervorhebung durch den Verf.). Diese Aussage bestätigte neuerdings das Bundesverfassungsgericht in seinem Beschluß vom 3. Dezember 1969[21]. Dort heißt es: „Art. 25 GG verschafft den allgemeinen Regeln des Völkerrechts Geltung in der Bundesrepublik mit Vorrang vor den Gesetzen ... Sie (die innerstaatliche Geltung) verändert aber nicht den Inhalt der Völkerrechtsregeln und der daraus etwa herzuleitenden Ansprüche, insbesondere nicht deren Adressaten[22]." Somit ist eindeutig die Entscheidung zugunsten der Vollzugsmethode gefallen. Das Bundesverfassungsgericht spricht zweifelsohne die Sprache dieser Methode, indem es fast wörtlich Auszüge aus der 4. These der Kommission[23] wiederholt oder deren Geist wiedergibt. Von der gemäßigten Transformationsmethode weicht das Gericht offensichtlich ab.

Fraglich ist weiter, ob sich das Bundesverfassungsgericht damit zu der konsequenten oder der gemäßigten Vollzugsmethode bekennt. Will man den zitierten Äußerungen des Gerichts konsequent folgen, so ist anzunehmen, daß es von der konsequenten Vollzugsmethode ausgeht. Prüft man dagegen vor allem diejenigen Entscheidungen näher, die sich ausführlich mit den allgemeinen Regeln befassen und deshalb am besten eine Aussage über die Methoden zulassen, so stellt man fest, daß sich die Rechtsprechung des Bundesverfassungsgerichts eher zu der gemäßigten Vollzugsmethode bekennt. Das Gericht nimmt auf die

---

[18] Vgl. aber BVerfGE, Bd. 15, S. 33 f.

[19] BVerfGE, Bd. 18, S. 441 ff.

[20] Ebd., S. 448. Man könnte zwar behaupten, der erstere Satz und insbesondere das Wort „werden" trage noch Ansätze der Transformationsmethode. Sieht man aber den zweiten Satz als Erläuterung des ersteren, so bleibt außer Zweifel, daß das Gericht die Sprache der Vollzugsmethode spricht. Außerdem muß berücksichtigt werden, daß das Bundesverfassungsgericht nicht auf einmal von jeder terminologischen Spur der Transformationsmethode befreit werden konnte.

[21] BVerfGE, Bd. 27, S. 253 ff.

[22] Ebd., S. 274. Hier wird jede Wendung vermieden, die an die Transformationsmethode erinnern könnte.

[23] Bei *Partsch*, aaO., S. 156 f.

Tatsache Rücksicht, daß die allgemeinen Regeln bei ihrer innerstaatlichen Anwendung zwangsläufig mit Normen oder auch Begriffen des innerstaatlichen Rechts in Berührung kommen[24]. Dieser Vorgang hat die Modifizierung der allgemeinen Regeln im Rahmen des deutschen Rechts zur Folge, weil diese anhand innerstaatlicher Normen artikuliert und aktualisiert werden. Daraus ergibt sich, daß dem Vollzugsbefehl ein selbständiger materieller Inhalt zuerkannt werden muß. Das Bundesverfassungsgericht bezieht sich ausdrücklich, jedoch nur einseitig, auf diesen Vorgang, indem es vom Prozeß der Umformung des innerstaatlichen Rechts durch das inkorporierte völkerrechtliche Bundesrecht spricht[25]. Davon abgesehen, daß die Wendung „inkorporiertes völkerrechtliches Bundesrecht" (!)[26] unglücklich ist, erkennt das Gericht dadurch eine der Seiten der gegenseitigen Wechselwirkung zwischen Völkerrecht und innerstaatlichem Recht an, d. h. die Einwirkung der allgemeinen Regeln auf das innerstaatliche Recht. Die andere Seite dieser Wechselwirkung ermitteln — implizite, jedoch eindeutig — die Ausführungen des Gerichts bei den zitierten Entscheidungen[27].

4. Wie schon dargelegt wurde, erfolgt die Regelung der Stellung der allgemeinen Regeln im belgischen Recht grundsätzlich durch ein aus der Rechtsprechung entstandenes gewohnheitsrechtliches Gebot in der Form einer Generalklausel. Deshalb ist es nur der entsprechenden Gerichtspraxis zu entnehmen, wie dieses Gebot anhand der Methodenfrage gedeutet werden muß. Im Schrifttum wird auf dieses Problem nicht näher eingegangen. Die überwiegende Meinung geht freilich davon aus, daß die allgemeinen Regeln ins belgische Recht „adoptiert" werden. Diese Ansicht, die zunächst der Übernahme der Adoptionsmethode in das belgische Recht gleichkommt, wird jedoch nicht begründet[28].

---

[24] Dies geht eindeutig bei einer näheren Prüfung der Entscheidungen des BVerfG hervor. So heißt es z. B. in der Entscheidungsformel des Urteils vom 30. Oktober 1962: „Für Klagen gegen einen ausländischen Staat auf Bewilligung der Berichtigung des Grundbuches hinsichtlich des Eigentums an einem Gesandtschaftsgrundstück ist die deutsche Gerichtsbarkeit nicht durch eine allgemeine Regel des Völkerrechts (Artikel 25 des Grundgesetzes) ausgeschlossen" (BVerfGE, Bd. 15, S. 26). Diese Verflechtung zwischen allgemeinen Regeln des Völkerrechts und Normen des innerstaatlichen Rechts bringen auch die Gründe des Urteils zum Ausdruck. Berücksichtigt man weitere Entscheidungen (vgl. etwa 7. April 1965, BVerfGE, Bd. 18, S. 441 ff.; 14. Mai 1968, BVerfGE, Bd. 23, S. 288 ff.. 3. Dez. 1969, BVerfGE, Bd. 27, S. 253 ff.), so stellt man fest, daß diese Verflechtung für das Gericht tatsächlich allgemeine Geltung beansprucht. Außerdem dürfte dasselbe gelten, wenn Entscheidungen anderer oberer und unterer deutscher Gerichte in Betracht gezogen würden.

[25] BVerfGE, Bd. 23, S. 316 f.

[26] Ebd., S. 316.

[27] Vgl. gleich oben Fußn. 24.

[28] In diesem Sinne *Masters*, International Law in national courts, S. 225;

Anlaß, diese Ansicht zu vertreten, hat das Urteil des Kassationshofes zum Fall „Succession de S. M. Marie-Henriette"[29] gegeben. In diesem Urteil ist das Gericht zu dem Ergebnis gelangt, die Rechtsparömie „international law is part of the law of the land" gelte ebenso für Belgien[30]. Es wurde schon darauf hingewiesen, daß dieser Grundsatz selbst in dem Lande, aus dem er stammt, nicht in Übereinstimmung mit der Adoptionsmethode gebracht werden kann[31]. Diese Bemerkung gilt um so mehr für das belgische Recht. Außerdem findet man in der belgischen Rechtsprechung keine Äußerung, die der im Succession-Fall enthaltenen entsprechen würde. In letzter Zeit heißt es lediglich im Pittacos-Fall: „Attendue, qu'en vertu des principes coutumiers du droit international public auxquels les tribunaux belges doivent avoir égard . . .[32]."

Demgegenüber hat die belgische Rechtsprechung bei der Anwendung allgemeiner Regeln, soweit ersichtlich, das Wort „Transformation" oder andere Wendungen, die den Geist der Transformationsmethode wiedergeben würden, nicht verwendet. Eine allgemeinere Betrachtung der belgischen Rechtsprechung zu den allgemeinen Regeln des Völkerrechts beweist, daß die Gerichte ständig die gemäßigte Vollzugsmethode praktiziert haben[33].

5. Bei dem Bemühen zur Erläuterung der Frage, welcher Methode das griechische Recht den Vorzug einräumt, ist ähnlich wie im Hinblick auf das deutsche Recht zu verfahren. Aus dem Wortlaut der relevanten Vorschriften (Art. 13/1952 bzw. Art. 8/1968, Art. 559 Nr. 1 GrZPB)[34]

---

von Kyaw, Gewährleistung, S. 173 f., 182 f.; *Salmon-Suy*, La primauté, S. 75. Daß man sich aber nicht darüber klar ist, was unter der Adoptionsmethode zu verstehen ist, bestätigt folgende Ausführung von *Samon* (Le rôle): „. . . la coutume internationale ne fait pas l'objet de *réception formelle* dans l'ordre interne belge." Da die Vollzugsmethode dem belgischen Schrifttum fremd geblieben ist, könnte man behaupten, daß, wenn von der Adoption bzw. Adoptionsmethode gesprochen wird, häufig die Vollzugsmethode gemeint ist.

[29] Pas. I, 106, S. 95 ff. Etwas eingehender zu diesem Fall vgl. oben C, II, Fußn. 64.

[30] Ebd., S. 109: „Attendue que ce principe est également vrai en Belgique, . . ."

[31] Vgl. oben C, III.

[32] Pas. I, 1966, S. 1212.

[33] Man könnte sich auf einzelne Urteile berufen und diese ausführlich erörtern. Da aber die relevanten Urteile zu demselben Ergebnis führen, erweist sich dies als nicht notwendig. Vgl. vor allem und statt vieler: Cour de Cassation, 6 novembre 1944, Pas. I, 1945, S. 23 ff.; dasselbe, 16 juin 1947, Pas. I, 1947, S. 274 f.; dasselbe, 26 janvier 1948; Pas. I, 1948, S. 52 ff.; dasselbe, 4 juillet 1949, Pas. I, 1949, S. 506 ff.; dasselbe, 27 novembre 1950, Pas. I, 1951, S. 180 ff.; dasselbe, 26 mai 1966, Pas. I, 1966, S. 1211 ff.; Cour d'Appel de Bruxelles, 10 janvier 1964, Pas. II, 1964, S. 157 ff.; Tribunal civil de Bruxelles, 16 avril 1962, RCJB 1967, S. 397 ff.

[34] Die Entstehungsgeschichte dieser Bestimmungen kann auch nicht (ähnlich wie die des Art. 25 GG) zur Erörterung der Methodenfrage beitragen.

kann keine Entscheidung zugunsten einer Methode getroffen werden. Dafür sind sie zu vage (sicher unbestimmter als Art. 25 GG) formuliert. Die Frage kann also nur durch Heranziehung der Rechtsprechung zu den allgemeinen Regeln des VR beantwortet werden.

Anders als in Belgien findet man im griechischen Schrifttum zahlreiche Stellungnahmen im Hinblick auf die Methoden. Die Vorstellungen darüber sind jedoch alles andere als klar[35]. Hinzu kommt, daß ausnahmsweise Rücksicht auf die Rechtsprechung genommen wird[36]. Der überwiegende Teil in der Lehre geht von der Transformationsmethode aus[37], während die Vollzugsmethode gänzlich unbekannt bleibt. Die Adoptionsmethode hat nur wenige Anhänger gewonnen[38, 39]. Die diesbezüglichen Stellungnahmen im Schrifttum sind jedoch nicht schlüssig, da sie nicht genügend belegt sind.

Aus einer allgemeinen Betrachtung der griechischen Rechtsprechung zu den allgemeinen Regeln des Völkerrechts ergibt sich folgendes Bild: Obwohl die Verwendung des Wortes „Transformation" vermieden wird, fehlt es nicht an Wendungen, die sich eher mit der Transformationsmethode vereinbaren ließen[40]. Aus dieser Tatsache allein kann aber nicht gefolgert werden, daß sich die griechische Rechtsprechung zur Transformationsmethode bekennt. Eine nähere Nachprüfung der relevanten Urteile führt dagegen zu dem Ergebnis, daß auch die griechischen Gerichte die gemäßigte Vollzugsmethode praktizieren[41].

---

[35] Eine Ausnahme stellt nur die Arbeit von *Papalambrou* (Le problème de la „transformation" et la question de la validité des actes étatiques „contraires" au droit international, RHellDI Bd. 3 [1950], S. 234 ff.) dar.

[36] Nur *Tenekides*, G. (Die Geltung, S. 41 ff. und Internationales öffentliches Recht, Bd. A, S. 183 ff.) berücksichtigt die Rechtsprechung.

[37] Vgl. *Maridakis*, Die deutsche Verfassung, S. 222 fine; *ders.* äußert sich später zurückhaltender (Der griechische Richter, S. 229), indem er meint, die allgemeinen Regeln werden unmittelbar dem Landesrecht einverleibt; *Tenekides*, C., Le droit international, S. 340: „Transformant le droit international en droit interne"; *Kyriakopulos*, Verfassungsrecht, A, S. 98; *Vallindas*, Internationales öffentliches Recht, S. 82; *Eustathiades*, Internationales öffentliches Recht, A, S. 42; in diesem Sinne eher *Spyropoulos*, Internationales öffentliches Recht, S. 20 ff.

[38] Vgl. *Tenekides*, G., Die Geltung, S. 41 ff.; *ders.*, eher zurückhaltend, Internationales öffentliches Recht, A, S. 181 ff.; *Constantopoulos*, Verbindlichkeit, S. 198; *Daskalakis*, Die allgemeine Erklärung der Menschenrechte, S. 104 ff. (nur für die Menschenrechte).

[39] Zu dem Methodenproblem sind weitere Nachweise bei *Papalambrou* (aaO., S. 256 ff.) zu finden.

[40] Vgl. etwa die berühmte Entscheidung des Areopags 14/1896 (Themis, 1896—97, S. 179).

[41] Vgl. vor allem Areopag 167/1928, Themis 1928, S. 627; dasselbe 161/1930, Themis 1930, S. 669 f.; dasselbe 116/1943, EEAN, 1943, S. 191 ff. (Kommentierung *Tenekides*, C. G.); dasselbe 342/1950, EEAN, 1952, S. 138 ff. = RHellDI, 1951, S. 93; dasselbe 429/1953, EEAN, 1957, S. 410 ff.; dasselbe 140/1955, EEN,

6. Die Rechtspraxis in den drei Ländern hat ergeben, daß der gemäßigten Vollzugsmethode weitgehend der Vorzug eingeräumt wird. Zwar kommt dies nicht unmittelbar zum Ausdruck, kann aber nicht ernsthaft in Frage gestellt werden. Die Überlegenheit dieser Methode liegt darin, daß sie den Zusammenhang und die Wechselwirkung zwischen Völkerrecht und innerstaatlichem Recht genügend berücksichtigt.

Die Methode, die jeweils praktiziert wird, ist nicht nur von theoretischer Bedeutung. Sie erweist sich für die Auslegung und Anwendung der innerstaatlich geltenden allgemeinen Regeln oft als entscheidend.

V. Die allgemeinen Regeln des Völkerrechts

1. In den vorigen Kapiteln (II—IV) wurde das die innerstaatliche Stellung der allgemeinen Regeln regelnde Instrumentarium dargelegt und untersucht. Nunmehr soll auf die Frage eingegangen werden, was unter dem rechtstechnischen Terminus *allgemeine Regeln des Völkerrechts* zu verstehen ist. Da es sich dabei um die innerstaatliche Stellung *völkerrechtlicher Normen* handelt — also nicht um die Setzung eines dem Völkerrecht parallelen innerstaatlichen Rechts —, ist das Völkerrecht und nicht das innerstaatliche Recht hierfür maßgeblich. Zur Beantwortung dieser Frage bedarf es daher der Heranziehung der „primären" oder „echten" Völkerrechtsquellen[1]. Bekanntlich sind das a) Völkervertragsrecht und b) Völkergewohnheitsrecht. Ob ferner die allgemeinen Rechtsgrundsätze als eine selbständige Rechtsquelle anzusehen sind, ist umstritten.

a) Völkergewohnheitsrecht

2. Im Hinblick auf das Völkergewohnheitsrecht ist zwischen Normen des *allgemeinen* und des *partikulären* oder *regionalen Völkergewohnheitsrechts* zu unterscheiden[2]. Die Normen des allgemeinen Völker-

---

1955, S. 546 ff. (Kommentierung *Tenekides*, G. C.); Staatsrat 504/1932, Themis, 1933, S. 198 ff. = StRE 1932, Heft A, S. 146 ff.; derselbe 1848/1952, EEAN, 1953—54, S. 143 ff. (Kommentierung *Tenekides*, G. C.) = RHellDI 1954, S. 274 ff.; OLG Thrazien 21/1947, EEN 1947, S. 277 ff. = RHellDI 1948, S. 379 ff.; dasselbe 18/1949, Themis 1949, S. 215 ff. = RHellDI 1950, S. 333 ff.; dasselbe 22/1956, EEN, 1956, S. 461 f.; Gutachten der Staatsanwaltschaft beim LG Athen 4/1969, EEN, 1969, S. 184 f.

[1] Vgl. Art. 38 Ziff. 1 des IGH-Statuts; aus dem Schrifttum vor allem siehe *Dahm*, VR I, S. 15 ff.; *Berber*, VR I, S. 37 ff.; Akademie der Wissenschaften der UdSSR, Völkerrecht, S. 5 ff.; *Jaenicke*, Völkerrechtsquellen, WVR[2] III, S. 766 ff.; *Tunkin*, Das VR der Gegenwart, S. 59 ff., 120 ff.; *Verdross*, VR, S. 137 ff.; *Rudolf*, VR und dt Recht, S. 59 ff.; *Virally*, The sources of International Law, S. 116 ff.; *O'Connel*, International law I, S. 3 ff.

[2] So zutreffend *Jaenicke*, aaO., S. 769; eher in diesem Sinne, allerdings kritisch hinsichtlich der Unterscheidung zwischen partikulärem und regiona-

gewohnheitsrechts binden im Gegensatz zu den Normen des partikulären und regionalen Völkergewohnheitsrechts sämtliche Mitglieder der Völkergemeinschaft. Partikuläres Völkergewohnheitsrecht kann innerhalb einer Gruppe von Staaten — ungeachtet ihrer geographischen Lage — etwa aufgrund gemeinsamer Weltanschauung entstehen[3].

Demgegenüber handelt es sich um Normen des regionalen oder lokalen Völkergewohnheitsrechts nur dann, wenn diese innerhalb eines regional begrenzten Bereichs gelten[4]. Regionales Völkergewohnheitsrecht ist stets partikuläres Recht und partikuläres Völkergewohnheitsrecht oft regionales Recht[5]. Der Unterschied zwischen den Normen des allgemeinen Völkergewohnheitsrechts einerseits und des partikulären bzw. regionalen andererseits besteht darin, daß die letzteren nicht universell gelten.

3. Es besteht Einigkeit darüber, daß unter „die allgemeinen Regeln des Völkerrechts" die Normen des allgemeinen Völkergewohnheitsrechts fallen. Problematisch ist nur, welche Bedeutung dem Wort „allgemeine" beizumessen ist. Rudolf[6] faßt die Ergebnisse der diesbezüglichen Diskussion folgendermaßen zusammen: „Das Wort ‚allgemeine' ist nicht auf den Inhalt der Regel, auf das Wesen der von ihr geordneten Lebensverhältnisse bezogen, sondern auf die Allgemeinheit der Völkerrechtssubjekte[7]." Rudolf ist grundsätzlich zuzustimmen. Die Allgemeinheit der Völkerrechtssubjekte muß auf eine möglichst weitgehende Zahl von Staaten bezogen sein, für die eine bestimmte Regel als verbindlich anzusehen ist. Darüber hinaus muß diese Allgemeinheit

---

lem VGR, *Berber*, aaO., S. 52 ff. Auf die Unterscheidung zwischen allgemeinem (general customary law) und partikulärem oder regionalem (special custom) VGR hat schon, wie *Rudolf* (Die innerstaatliche Anwendung des partikulären VGR, S. 438) ausführt, Blackstone aufmerksam gemacht.

[3] So etwa, wenn Kuba eine völkergewohnheitsrechtliche Norm als bindend anerkennt, die innerhalb der europäischen sozialistischen Staaten als solche gilt.

[4] Dazu folgendes Beispiel: Nimmt man an, daß irgendein Kernbestand der von der MRK gewährten Menschenrechte (etwa die notstandsfesten Rechte) zu einer Norm des regionalen VGR geworden sind, so haben die Vertragsstaaten, von der vertraglichen Geltung der Konvention abgesehen, die so entstandene Norm zu beachten. Ferner ist auf das Institut des diplomatischen Asyls hinzuweisen, das nach einer Meinung zwischen lateinamerikanischen Staaten gewohnheitsrechtlich gegolten hat. Dazu vgl. *Abendroth*, Asylrecht, WVR[2] I, S. 91 f. mit weiteren Nachweisen.

[5] *Rudolf* etwa scheint sich nicht über diesen Unterschied im klaren zu sein (aaO., S. 87 f., 275 ff.). Derselbe befaßt sich neuerdings ausführlicher mit der Unterscheidung zwischen partikularem und regionalem VGR, ohne jedoch Klarheit darüber zu schaffen (Die innerstaatliche Anwendung partikulären VGR, S. 435 ff.).

[6] aaO., S. 239 f., mit weiteren Nachweisen; vgl. *denselben* neuerdings, Die innerstaatliche Anwendung partikulären VGR, S. 437 f.

[7] Ebd., S. 240.

einen gewiß repräsentativen Charakter aufweisen. Dies bedeutet, daß die Norm, die als allgemeine Regel gelten soll, von Staaten als verbindlich anerkannt sein muß, die ideologisch oder politisch einer unterschiedlichen Staatengruppe angehören. Das Erfordernis der Verbindlichkeit für sämtliche Staaten hätte nicht selten dazu geführt, daß die innerstaatliche Geltung und Anwendung einer allgemeinen Regel eben an dieser Forderung scheitern würde[8].

Die Normen des allgemeinen Völkergewohnheitsrechts werden von allen relevanten rechtstechnischen Mitteln der in Betracht kommenden innerstaatlichen Rechtsordnungen erfaßt. Insoweit ist die Rechtslage in der Bundesrepublik Deutschland, Belgien und Griechenland unproblematisch. Dies weisen überzeugend die Rechtsprechung[9] und die diesbezügliche einhellige Meinung in der Literatur in den betreffenden Ländern nach[10].

---

[8] In diesem Sinne etwa ist die Rechtsprechung des BVerfG zu verstehen. Vgl. den Beschluß vom 30. Oktober 1962, BVerfGE, Bd. 15, S. 34: „Regeln ... sind dann allgemeine Regeln des Völkerrechts im Sinne von Art. 25 GG, wenn sie von der überwiegenden Mehrheit der Staaten ... anerkannt werden"; ferner BVerfGE, Bd. 16, S. 33. So etwa ausdrücklich Trib. 1re Inst. Léopoldville, 14 octobre 1955. J.T. 1956, S. 292: „Car la ‚coutume' suppose, au moment de son application, une règle admise et suivie par la plupart des parties"; OLG Thrazien 18/1949, Themis 1949, S. 216: „Für die Geltung einer Norm des VGR ist nicht die einstimmige Annahme aller Staaten erforderlich."

[9] Für die Bundesrepublik Deutschland vgl. BVerfG, 30. Oktober 1962, E, Bd. 15, S. 33, wo die Rede von „universell geltendem Völkergewohnheitsrecht" ist; BVerfG, 30. April 1963, E, Bd. 16, S. 33; BVerfG, 7. April 1965, E, Bd. 18, S. 448; BVerfG, 14. Mai 1968, E, Bd. 23, S. 305, 317.
Für Belgien ausdrücklich etwa Cour de Cassation, 26 mai 1966 (Pittacos-Fall), Pas. I, 1966, S. 1212, 1214; Cour d'Appel de Bruxelles, 24 mai 1933, Pas. II, 1933, S. 208; Trib. 1re Inst. Léopoldville, 14 octobre 1955, J.T. 1956, S. 292.
Für Griechenland ebenso ausdrücklich etwa Areopag 429/1953, EEAN 1957, S. 411; Staatsrat 1848/1952, EEAN 1953—54, S. 146 = RHellDI 1954, S. 277; OLG Thrazien 21/1947, EEN 1947, S. 278, 279 = RHellDI 1948, S. 380; dasselbe 18/1949, Themis 1949, S. 216; LG Piräus 287/1942, EEAN 1942, S. 375.

[10] Für die Bundesrepublik Deutschland vgl. etwa *Guggenheim*, Schranken, S. 21; *ders.*, WVR² III, S. 657; *von Mangoldt-Klein*, Das Bonner Grundgesetz, Art. 25, Anm. III 2; *Mosler*, Praxis, S. 32; *ders.*, Application, S. 691; *Dahm*, VR I, S. 65; *Pigorsch*, Einordnung, S. 8 f.; *Berber*, VR I, S. 99 f.; *Doehring*, Die allgemeinen Regeln, S. 125; *Rudolf*, S. 239 f., 257 f.; *Wenig*, Feststellung, S. 24. Im angeführten Schrifttum ist oft die Rede lediglich von Völkergewohnheitsrecht, ohne daß zwischen allgemeinen, partikulärem und regionalem VGR unterschieden wird. Jedoch wird in der Regel darunter allgemeines VGR verstanden; so neuerdings eindeutig *Rudolf*, Die innerstaatliche Anwendung partikulären VGR, S. 437 ff.
Für Belgien vgl. *Masters*, International Law in national courts, S. 225, 227; *von Kyaw*, Gewährleistung, S. 172 f.; *Rigaux*, Les problèmes, S. 206 f.; *Salmon-Suy*, La primauté, S. 90 f.; *Ganshof van der Meersch*, Réflexions, S. 53, Fußn. 179; *Salmon*, Droit des gens, S. 129.
Für Griechenland vgl. *Maridakis*, Die deutsche Verfassung, fine; *ders.*, Der griechische Richter, S. 228, mit Beispielen aus der Rechtsprechung; *Kyriakopulos*, Verfassungsrecht, A, S. 99; *Svolos*, Verfassungsrecht, A, S. 172;

4. Wenn eine größere, repräsentative Zahl von Staaten den allgemeinen Charakter bestimmen muß, taucht die Frage auf, ob hierfür die Anerkennung einer Regel seitens des Staates, innerhalb dessen Bereich diese als allgemeine Regel gelten soll, erforderlich ist. Dies ist zunächst abzulehnen[11]. Widersetzt sich aber ein Staat bei der Annahme einer schon existierenden Regel[12] oder bei der Entstehung einer neuen auf völkerrechtlicher Ebene ausdrücklich, so ist zu bedenken, daß die Anerkennung seitens des betreffenden Staates nicht immer als irrelevant anzusehen ist[13].

5. Ermangeln die Normen des partikulären und des regionalen Völkergewohnheitsrechts — soweit solche feststellbar sind — ex definitione des allgemeinen Charakters, so fallen diese nicht unter die allgemeinen Regeln des Völkerrechts. Aus diesem Grunde sollte das Problem der Regelung ihrer innerstaatlichen Stellung dahingestellt bleiben. Da aber diese Normen im Hinblick auf die zu erörternde Problematik von Bedeutung sind, ist auf sie kurz einzugehen.

Nicht selten wird die innerstaatliche Stellung der Normen des allgemeinen und des partikulären bzw. regionalen Völkergewohnheitsrechts durch dasselbe Mittel geregelt. Wann dies zutrifft, ist jeweils aus dem Inhalt und der Auslegung des betreffenden Mittels zu entnehmen.

Tenekides, G., Die Geltung, S. 41 ff.; *ders.*, Internationales öffentliches Recht, S. 183 ff.; *Spyropulos*, Internationales öffentliches Recht, S. 20 f.; *Kalogeropulos-Stratis*, Internationales öffentliches Recht, S. 31 f.; *Eustathiades*, Internationales öffentliches Recht, S. 41 f.; *Manessis*, Verfassungsrecht, S. 314 f.

[11] So die überwiegende Meinung in der Literatur hinsichtlich Art. 25 GG; anders unter Geltung von Art. 4 WV. Vgl. dazu etwa *von Mangoldt-Klein*, Das Bonner Grundgesetz, Art. 25, Anm. III, 1 mit weiteren Nachweisen; *Pigorsch*, Einordnung, S. 20 ff., mit zahlreichen Nachweisen zur Auslegung von Art. 4 WV und zur Entstehungsgeschichte des Art. 25 GG. A. M. etwa *Berber*, VR I, S. 98 ff., und insbesondere S. 101. Wie im Text BVerfG, 30. Oktober 1962 (E, Bd. 15, S. 34): „Regeln dieses und ähnlichen technischen Inhalts sind dann allgemeine Regeln des Völkerrechts im Sinne von Art. 25 GG, wenn sie von der überwiegenden Mehrheit der Staaten — nicht notwendigerweise auch von der Bundesrepublik Deutschland — anerkannt werden"; ferner BVerfGE, Bd. 16, S. 33.
In der griechischen Literatur gehen von der Notwendigkeit der Anerkennung seitens des eigenen Staates aus, ohne ihre Meinung zu begründen: *Kyriakopulos*, Verfassungsrecht, A, S. 97; *Spyropulos*, aaO., S. 20 f.; *Kalogeropulos-Stratis*, aaO., S. 32. Die Rechtsprechung hat dazu nicht Stellung genommen.
In Belgien wird die Frage überhaupt nicht angeschnitten.

[12] Etwa Staaten, die nach dem Zweiten Weltkrieg die Unabhängigkeit erlangt haben.

[13] In diesem Sinne *Mosler*, Praxis, S. 31; *Svolos*, Verfassungsrecht, S. 172 f. Maßgeblich hierzu mögen nur die auf völkerrechtlicher Ebene abgegebenen Stellungnahmen der jeweils zuständigen Staatsorgane sein. Es ist insofern *Mosler* nicht zuzustimmen, wenn er ausführt (ebd.), er habe Bedenken, eine sich neu bildende Regel als allgemein anzuerkennen, soweit ihr *die deutsche Gesetzgebung* entgegensteht (Hervorhebung vom Verf.).

Hinsichtlich der zu untersuchenden Rechtsordnungen ist folgendes zu bemerken. Art. 25 GG bezieht sich ausschließlich auf die Normen des allgemeinen Völkergewohnheitsrechts. Die Normen des partikulären oder des regionalen Völkergewohnheitsrechts werden von ihm nicht erfaßt[14]. Art. 13/1952 bzw. Art. 8/1968 der griechischen Verfassungen sowie Art. 559 Nr. I GrZPB lassen dagegen eine Auslegung dahingehend zu, daß diese als rechtstechnische Mittel für sämtliche Normen des Völkergewohnheitsrechts fungieren[15]. Sind demgegenüber die rechtstechnischen Mittel in Gewohnheiten enthalten, so ist jeweils aus der entsprechenden Gerichtspraxis zu entnehmen, ob diese Mittel sich nur auf Normen des allgemeinen oder auch des partikulären bzw. des regionalen Völkergewohnheitsrechts beziehen[16].

Die Unterscheidung zwischen Normen des allgemeinen und des partikulären bzw. des regionalen Völkergewohnheitsrechts ist für deren innerstaatliche Stellung entscheidend. Regelt ein Mittel, wie etwa Art. 25 GG, nur die innerstaatliche Stellung der Normen des allgemeinen Völkergewohnheitsrechts, so ist die Heranziehung dieses Mittels für die innerstaatliche Geltung und Anwendung der Normen des partikulären und des regionalen Völkergewohnheitsrechts als unzulässig anzusehen[17]. Hierfür bedarf es eines anderen rechtstechnischen Mittels[18].

---

[14] So richtig *Rudolf*, aaO., S. 275 ff., mit weiteren Nachweisen und *derselbe* neuerdings, Die innerstaatliche Anwendung partikulären VGR, insbesondere S. 441 ff.

[15] In diesem Sinne ist etwa Art. 67 der hessischen Verfassung vom 1. Dezember 1946 auszulegen. Seine Bedeutung ist allerdings gering, da nach Art. 31 GG Bundesrecht Landesrecht bricht. Dazu vgl. *Rudolf*, aaO., S. 279.

[16] Aus der bestehenden Gerichtspraxis in Belgien und Griechenland (C, II, c) läßt sich nicht unmittelbar entnehmen, ob die Normen des partikulären bzw. des regionalen VGR von den daraus entstandenen Gewohnheiten erfaßt werden. Im Schrifttum haben in Griechenland *Spyropulos* (Internationales öffentliches Recht, S. 20 f.) und im Anschluß an ihn *Kalogeropulos-Stratis* (Internationales öffentliches Recht, S. 32) die Ansicht vertreten, unter die Regelung der damals geltenden gewohnheitsrechtlichen Norm falle auch partikuläres VGR, sofern dieses Griechenland bindet. Diese Ansicht wird von beiden nicht begründet, läßt sich aber vertreten, da sie in Übereinstimmung mit der Rechtsprechung steht. Die belgischen und die griechischen Gerichte haben ständig die Norm des partikulären VGR angewandt, nach der ausländische Staaten für Akte jure gestionis keine Immunität genießen (vgl. dazu etwa BVerfGE, Bd. 16, für Belgien S. 37 ff., für Griechenland S. 43 f.). Sind nun weitere Normen des partikulären bzw. des regionalen VGR festzustellen, so ist ihre innerstaatliche Stellung in Griechenland, nach dem Inkrafttreten des neuen GrZPB, durch Art. 559 Nr. 1 GrZPB, und in Belgien durch die hierfür geltende gewohnheitsrechtliche Norm geregelt.

[17] So richtig hinsichtlich Art. 25 GG *Rudolf*, aaO., S. 276 f. und Die innerstaatliche Anwendung partikulären VGR, S. 441 f. Der Wortlaut dieser Bestimmung ist sehr deutlich. Eine Auslegung dahin, daß sie auch Normen des partikulären VGR erfasse, steht mit dem Wortlaut nicht im Einklang.

[18] *Rudolf* führt hierzu richtig aus (aaO., S. 278), die seit eh und je bestehende gewohnheitsrechtliche Transformationsnorm gelte für das von der

Ein Beispiel möge dies verdeutlichen. Bekanntlich besteht eine Norm des allgemeinen Völkergewohnheitsrechts, nach der die inländische Gerichtsbarkeit für Klagen gegen einen ausländischen Staat in bezug auf seine hoheitliche Betätigung (Akte jure imperii) ausgeschlossen ist: Par in parem non habet imperium. Dagegen besteht keine einstimmige Auffassung darüber, ob dasselbe auch für nicht-hoheitliche Betätigung eines Staates (Akte jure gestionis) gelten soll. Hierbei handelt es sich um die Artikulierung und Konkretisierung der allgemeinen Regel des Völkerrechts, nach der ein Staat nicht der Rechtsordnung eines anderen Staates unterliegen darf. Berücksichtigt man die diesbezügliche Praxis der nationalen Gerichte, so stellt man fest, daß eine erhebliche Zahl von Staaten Immunität nur für Akte jure imperii[19], während eine ebenso erhebliche Zahl Immunität auch für Akte jure gestionis gewährt[20]. Dazu haben sich zwei einander widersprechende Normen des partikulären Völkergewohnheitsrechts — grundsätzlich aus der Praxis der nationalen Gerichte — herausgebildet, die Geltung für sich beanspruchen und tatsächlich erfahren[21].

Das angeführte Beispiel weist darauf hin, daß Normen des partikulären bzw. des regionalen Völkergewohnheitsrechts, die für das innerstaatliche Recht relevant sind, bestehen und einer innerstaatlichen Regelung bedürfen. Es ist sogar zu erwarten, daß sich die Anzahl dieser Normen vergrößern wird und sie daher an Bedeutung gewinnen werden[22]. Dies

---

Bundesrepublik anerkannte partikuläre Gewohnheitsrecht weiter; vgl. noch *denselben*, Die innerstaatliche Anwendung partikulären VGR, S. 443 f.

[19] Vgl. etwa BVerfGE, Bd. 16, S. 36 ff.

[20] Ebd., S. 47 ff.

[21] Zu diesem Problem allgemein vgl. etwa *Dahm*, VR I, S. 224 ff.; *Verdross*, VR, S. 229 ff.; die Entscheidung des BVerfG vom 30. April 1963 (BVerfGE, Bd. 16, S. 34 ff.), wo erschöpfend auf die Praxis nationaler Gerichte, die völkerrechtlichen Kodifikationsbemühungen und die Stellungnahme der Lehre eingegangen wird; in dieser Hinsicht ist diese Entscheidung beispielhaft. Die neuesten Tendenzen und Entwicklungen dazu werden von *Schaumann*, Die Immunität ausländischer Staaten nach Völkerrecht, Bericht aus den Arbeiten der 2. Studienkommission der Deutschen Gesellschaft für Völkerrecht, 1968, und in der Publikation „L'immunité de juridiction et d'exécution des Etats (A propos du projet de Convention du Conseil de l'Europe)" 1971, dargestellt und behandelt. *Salmon*, Le rôle, bemerkt richtig dazu: „Il s'agit d'un bel exemple contemporain de coutume régionale." Allerdings handelt es sich dabei nicht um eine Norm des regionalen, sondern des partikulären VGR.
Mit dieser Problematik hat sich ausführlich das BVerfG in seinem Beschluß vom 30. April 1963 (E, Bd. 16, S. 28 ff.) befaßt. Diese sicherlich nicht unproblematische Entscheidung sollte einer näheren Erörterung unterzogen werden, die im Rahmen dieser Arbeit nicht unternommen werden kann.

[22] Vgl. aber *Rudolf*, aaO., S. 280 f.; *derselbe* scheint allerdings in seiner letzten Arbeit (Die innerstaatliche Anwendung partikulären VGR, S. 439 ff.) die hier vertretene Ansicht zu billigen. „So liegt es nahe, anzunehmen, daß demgegenüber innerstaatlich anwendungsreife Normen partikulären Völkergewohnheitsrechts zahlreicher existieren." (S. 440)

erklärt sich daraus, daß die Normen des allgemeinen Völkergewohnheitsrechts oft der Artikulierung und Konkretisierung bedürfen, die
durch Normen des partikulären bzw. des regionalen Völkergewohnheitsrechts erfolgen können.

b) Die allgemeinen Rechtsgrundsätze

6. Nachdem festgestellt wurde, daß unter den Terminus „allgemeine
Regeln des Völkerrechts" die Normen des allgemeinen Völkergewohnheitsrechts fallen, fragt es sich, ob die *allgemeinen Rechtsgrundsätze*[23]
von diesem Terminus erfaßt werden. Umstritten ist zunächst, ob die
allgemeinen Rechtsgrundsätze als eine dritte selbständige bzw. primäre
Quelle des Völkerrechts — neben dem Vertrags- und dem Gewohnheitsrecht — anzusehen sind[24]. Obwohl auf diese Problematik im Rahmen
dieser Arbeit nicht näher eingegangen werden kann, wird sie nicht
ganz auszuschalten sein.

Die allgemeinen Rechtsgrundsätze lassen sich entweder aus der Struktur der Völkerrechtsordnung oder aus den innerstaatlichen Rechtsordnungen ableiten[25]. Deren Begriff ist jedoch, wie *Wengler*[26] zutreffend
hervorhebt, alles andere als eindeutig. Sinn, Zweck und Funktion der
allgemeinen Rechtsgrundsätze ist am ehesten darin zu sehen, daß diese
die Normen des Völkervertragsrechts und Völkergewohnheitsrechts
artikulieren und ergänzen. Dies weist darauf hin, daß sie lediglich eine
subsidiäre, also keine selbständige, primäre Völkerrechtsquelle darstellen[27].

7. Damit ist allerdings nicht gemeint, daß die allgemeinen Rechtsgrundsätze im innerstaatlichen Rechtsraum keine Rolle spielen können.

---

[23] Die von den zivilisierten Staaten anerkannten allgemeinen Rechtsgrundsätze („les principes généraux de droit reconnus par les nations
civilisées") sind erst in Art. 38 des Statuts des Ständigen Internationalen
Gerichtshofes und nach dem zweiten Weltkrieg in Art. 38 Ziff. 1 c des IGH-
Status schriftlich niedergelegt worden.

[24] Dazu allgemein vgl. etwa *Guggenheim*, VR I, S. 139 ff.; *Dahm*, VR I,
S. 35 ff.; *Berber*, VR I, S. 65 ff.; *Jaenicke*, aaO., S. 766 f., 770 f.; *Tunkin*, Das
Völkerrecht der Gegenwart, S. 120 ff.; *Wengler*, VR I, S. 361 ff.; *Verdross*,
VR, S. 146 ff.; *Virally*, aaO., S. 143 ff.; *Herczegh*, General Principles of Law
and the International Legal Order; *Favre*, Les principes généraux du droit,
fonds commun du droit des Gens, S. 366 ff.; *Verdross*, Les principes généraux
de droit dans le système des sources du droit international public, S. 521 ff.

[25] Vgl. vor allem *Jaenicke*, aaO., S. 771, und *Wengler*, VR I, S. 364 f., bei
denen diese Alternative klar zum Ausdruck kommt. *Berber* (aaO., S. 66 ff.)
bietet die wichtigsten Definitionen der allgemeinen Rechtsgrundsätze aus
der völkerrechtlichen Doktrin.

[26] aaO., S. 362.

[27] So etwa *Jaenicke*, aaO., S. 767, 770 f.; *Wengler*, VR I, S. 361 ff. a. M. etwa
Dahm, aaO.; *Verdross*, aaO.

Das Problem der Bedeutung dieser Grundsätze für das innerstaatliche Recht wurde ausführlich im deutschen Schrifttum anhand der Problematik des Art. 25 GG erörtert. Dagegen wird es in Belgien und Griechenland kaum angeschnitten. Überdies ist bemerkenswert, daß im deutschen Schrifttum eine der Erscheinungsformen der allgemeinen Rechtsgrundsätze, nämlich jene, nach der diese aus der Struktur der Völkerrechtsordnung abzuleiten sind, nicht berücksichtigt wird[28]. Zwar mag es sein, daß die Grenzen zwischen den beiden Erscheinungsformen nicht leicht erkennbar sind, jedoch lassen sich diese voneinander abgrenzen[29].

Die Rechtsprechung in den drei Ländern gibt folgendes Bild: Die allgemeinen Rechtsgrundsätze haben — angenommen, sie gelten innerstaatlich — nie unmittelbar Anwendung erfahren. Man könnte vielleicht eine geringe Anzahl von Entscheidungen finden, bei denen die allgemeinen Rechtsgrundsätze mittelbar eine Rolle gespielt haben[30].

8. Geht man einmal davon aus, daß die allgemeinen Rechtsgrundsätze aus den innerstaatlichen Rechtsordnungen der Mitglieder der Völkerrechtsordnung abzuleiten sind[31], so hat die Regelung ihrer innerstaatlichen Stellung eigentlich kaum einen Sinn. Problematisch ist zunächst, ob ein so verstandener Rechtssatz im Völkerrecht selbst existiert. Wird dies angenommen, so ist ferner schwer zu erkennen, welchen Inhalt und welche Tragweite diese allgemeinen Rechtsgrundsätze haben sollten. Von allen diesen Schwierigkeiten abgesehen, wurde behauptet, ihre innerstaatliche Regelung käme einer Re-Rezeption rechtlicher Prinzipien gleich, die sowieso der innerstaatlichen Rechtsordnung immanent sind[32]. Diese Behauptung ist zumindest rechtsdomatisch nicht zutreffend. Wird dieser Vorgang als „Re-Rezeption" verstanden[33], so

---

[28] Eine Ausnahme hierzu stellt neuerdings *Wenig* (a.a.O., S. 25 ff.) dar.

[29] Wie noch zu zeigen sein wird, ist es für die innerstaatliche Stellung der allgemeinen Rechtsgrundsätze von Bedeutung, ob sie aus der Struktur der Völkerrechtsordnung oder aus den innerstaatlichen Rechtsordnungen ermittelt werden.

[30] Trotz des Bemühens konnten solche Fälle in Belgien und Griechenland nicht erkannt werden. Eine Ausnahme hierzu stellt die Rechtsprechung des BVerfG in der letzten Zeit dar. Aus den unten zitierten Entscheidungen des BVerfG geht jedoch hervor, daß die Berufung auf die allgemeinen Rechtsgrundsätze bei der Beurteilung der relevanten Fälle die Entscheidungen des Gerichts nicht entscheidend beeinflußt hat.

[31] So grundsätzlich die Lehre in der BRD. Vgl. vor allem *Pigorsch*, Einordnung, S. 11 ff.; *Doehring*, Die allgemeinen Regeln, S. 125 ff.; *Rudolf*, aaO., S. 255 ff.; siehe noch dazu *Guggenheim*, Die Anwendung allgemeiner Rechtsprinzipien des Völkerrechts im Landesrecht, S. 701 ff.

[32] So *Rudolf* (aaO., S. 256) im Anschluß an *Mohr* (Transformation, S. 39). Mohr (ebd.) bezeichnet diesen Vorgang charakteristisch als „merkwürdige Zirkelbewegung".

[33] Vgl. etwa *Mohr*, aaO., S. 39; *Pigorsch*, aaO., insbesondere S. 14 f.; *Rudolf*, aaO., S. 255 f.

darf nicht übersehen werden, daß diese re-rezipierten Rechtsgrundsätze mit unterschiedlicher (völkerrechtlicher) Qualität innerstaatlich
Geltung und Anwendung beanspruchen. Dieser Vorgang ist aber aus
folgendem Grund eher theoretischen Charakters. Es wäre unrealistisch,
wollte man von den innerstaatlichen Rechtsanwendungsorganen verlangen, daß sie auf das Völkerrecht übertragene Rechtsgrundsätze
des nationalen Rechts mit der Qualität völkerrechtlicher Grundsätze
innerstaatlich anwendeten. Ein so feiner gedanklicher Prozeß, mag er
rechtsdogmatisch richtig sein, läßt sich in der Praxis nicht durchsetzen.
Daß er ad absurdum führen würde, liegt auf der Hand[34].

Wird dagegen angenommen, daß die allgemeinen Rechtsgrundsätze
aus der Struktur der Völkerrechtsordnung zu ermitteln sind, so nimmt
die Frage nach der Regelung ihrer innerstaatlichen Geltung eine andere
Dimension ein. In diesem Falle handelt es sich nicht um eine „Re-
Rezeption", sondern um die innerstaatliche Regelung der aus dem
Völkerrecht stammenden allgemeinen Rechtsgrundsätze. Dabei ist es
— zumindest formell — gleichgültig, ob sich ähnliche oder eben dieselben Rechtsgrundsätze im innerstaatlichen Rechtsraum feststellen
ließen. Geht man ferner davon aus, daß Funktion und Zweck der
allgemeinen Rechtsgrundsätze darin zu sehen sind[35], daß sie Völkerrechtsnormen[36] artikulieren und ergänzen, so ist die so konzipierte
Funktion der allgemeinen Rechtsgrundsätze für ihre innerstaatliche
Stellung entscheidend. Demnach beschränken sich die allgemeinen
Rechtsgrundsätze im innerstaatlichen Rechtsraum darauf, daß sie bei
der innerstaatlichen Geltung und Anwendung von Normen des Völkerrechts jene artikulieren und ergänzen. Diese Ansicht bestätigt auch —
wie noch zu zeigen sein wird — die Rechtsprechung des Bundesverfassungsgerichts.

9. Aus den bestehenden rechtstechnischen Mitteln läßt sich in den
drei Ländern nicht unmittelbar erkennen, ob unter diese die allgemeinen

---

[34] Diese Re-Rezeption würde allerdings nicht praktischer Bedeutung entbehren. So wäre sie etwa für die Auslegung oder den Rang dieser innerstaatlich geltenden allgemeinen Rechtsgrundsätze entscheidend. Vgl. dazu
hinsichtlich des Ranges in der BRD *Rudolf*, aaO., S. 257.

[35] Im Gegensatz zu der Auffassung, die die allgemeinen Rechtsgrundsätze
als primäre und selbständige Quelle des VR betrachtet.

[36] Dies gilt für Normen des allgemeinen VGR und mit Einschränkung auch
für Vertragsnormen und Normen des partikulären und regionalen VGR. Die
Einschränkung soll vornehmlich darin gesehen werden, daß diese völkerrechtlichen Normen durch die artikulierende und ergänzende Funktion der
allgemeinen Rechtsgrundsätze innerstaatlich keinen höheren Rang als den
sie besitzen, erlangen können. Dies ist besonders wichtig für die BRD, wo
die allgemeinen Regeln Übergesetzesrang genießen. Wollte man das Gegen-
teilige behaupten, so müßte man unter Umständen etwa für vertragliche
Normen über diesen Umweg einen höheren Rang (ähnlich wie durch die
Regel „pacta sunt servanda") annehmen.

Rechtsgrundsätze fallen[37]. Die Mittel verweisen lediglich auf das Völkerrecht, welches die Entscheidung darüber zu treffen hat. In der Bundesrepublik Deutschland ist hierzu die Lehre gespalten. Ein Teil vertritt die Meinung, Art. 25 GG beziehe die allgemeinen Rechtsgrundsätze ein[38], während dies von einer Reihe von Autoren verneint wird[39, 40]. Auf die Einzelheiten dieser Meinungsverschiedenheit soll hier nicht näher eingegangen werden[41]. Vielmehr ist die Rechtsprechung des Bundesverfassungsgerichts zu berücksichtigen[42], die weitgehend mit der hier vertretenen Ansicht übereinstimmt. Ausdruck findet sie in folgender präziser Formulierung: „Die allgemeinen Regeln des Völkerrechts sind vorwiegend universell geltendes Völkergewohnheitsrecht, ergänzt durch anerkannte allgemeine Rechtsgrundsätze"[43, 44]. Obwohl das Bundesverfassungsgericht seine Stellungnahme nicht näher begründet, ist eindeutig, daß es die allgemeinen Rechtsgrundsätze mit Einschränkung als vom Art. 25 GG erfaßt ansehen will. Diese Einschränkung ist dahin zu verstehen, daß es Funktion der durch Art. 25 GG innerstaatlich geregelten allgemeinen Rechtsgrundsätze ist, die Völkerrechtsnormen bei ihrer innerstaatlichen Geltung und Anwendung zu artikulieren und zu ergänzen. Eine selbständige Funktion erkennt das Gericht den allgemeinen Rechtsgrundsätzen im innerstaatlichen Bereich nicht zu. Ob ferner die allgemeinen Rechtsgrundsätze aus der Struktur der Völkerrechtsordnung oder aus den innerstaatlichen Rechtsordnungen abzuleiten sind, läßt sich aus der Rechtsprechung des Bundesverfassungsgerichts nicht unmittelbar entnehmen. Aus seinen diesbezüglichen Ausführungen ist eher der Schluß zu ziehen, daß das erstere zutrifft[45].

---

[37] So auch die Ausgangsposition bei *Pigorsch*, aaO., S. 11 ff., und *Doehring*, aaO., S. 127.

[38] So etwa *Guggenheim*, Schranken, S. 21; *ders.*, WVR² III, S. 657; *Dahm*, Zur Problematik, S. 73; *ders.*, VR I, S. 65; *Mosler*, Praxis, S. 32 f.; *Berber*, VR I, S. 99; *Doehring*, aaO., S. 126, und neuerdings *Wenig*, aaO., S. 25 ff.

[39] Etwa *von Mangoldt-Klein*, Das Bonner Grundgesetz, Art. 25, Anm. III 2 d; *Pigorsch*, aaO., S. 11 ff.; *Rudolf*, aaO., S. 255 ff.; unter Art. 4 WV *Mohr*, aaO., S. 39. Zweideutig *Maunz-Dürig*, Kommentar, Art. 25, Rdnr. 16, 19, insbesondere Fußn. 5.

[40] Die Übersicht zu dieser Meinungsverschiedenheit vgl. bei *Rudolf*, aaO., S. 256, Fußn. 67, und *Wenig*, a.a.O., S. 26, Fußn. 35.

[41] Dazu vgl. vor allem *Pigorsch*, aaO., S. 11 ff.; *Doehring*, aaO., S. 125 ff.; *Rudolf*, aaO., S. 255 ff.; *Wenig*, aaO., S. 25 ff.

[42] Sie wird in unzulässiger Weise nicht berücksichtigt. Vgl. vor allem die Arbeiten von *Rudolf* und *Wenig* an den angegebenen Stellen. Dies dürfte nicht der Fall sein, nachdem sich das BVerfG damit befaßt hat.

[43] BVerfGE, Bd. 23, S. 317.

[44] In diesem Sinne schon BVerfGE, Bd. 15, S. 34 f.; BVerfGE, Bd. 16, S. 33: „Ebensowenig gibt es anerkannte allgemeine Rechtsgrundsätze, die — das Völkerrecht ergänzend — ..."

[45] So etwa bei der Berufung auf den allgemeinen Rechtsgrundsatz von Treu und Glauben (bona fides); vgl. BVerfGE, Bd. 16, S. 63; BVerfGE, Bd. 27,

In Belgien wurde diese Frage zum ersten Mal im Rahmen des Kolloqiums von 1965 angeschnitten[46]. Im griechischen Schrifttum fehlt es nicht an Stellungnahmen dazu[47]. Von einer Behandlung des Problems kann allerdings in beiden Ländern nicht die Rede sein. Die Gerichte haben sich in beiden Ländern mit den allgemeinen Rechtsgrundsätzen nie befaßt. Richtigerweise ist für Belgien und Griechenland anzunehmen, daß die allgemeinen Rechtsgrundsätze innerstaatlich nicht selbständig gelten, sondern sich — ähnlich wie in der Bundesrepublik Deutschland — darauf beschränken, Völkerrechtsnormen zu artikulieren und zu ergänzen.

c) Völkerrechtliche Verträge

10. Unter „die allgemeinen Regeln des Völkerrechts" fallen die Normen des *Völkervertragsrechts* nicht. Die rechtstechnischen Mittel, die sich auf die allgemeinen Regeln des Völkerrechts beziehen, bestimmen nicht zugleich die innerstaatliche Stellung von multilateralen oder bilateralen Verträgen[48].

S. 278. Anders ist jedoch die Berufung auf den Rechtsgrundsatz der ungerechtfertigten Bereicherung (BVerfGE, Bd. 27, S. 274 f.) zu verstehen.

[46] Vgl. die Kommentierung des vorgeschlagenen Art. 107bis bei *Salmon-Suy*, La primauté, S. 90 f., und *de Visscher*, Rapport de synthèse, S. 121. Dort wird zur Konkretisierung der „règles de droit international général" lediglich auf die allgemeinen Rechtsgrundsätze im Sinne des Art. 38, 1 (c) des IGH-Status verwiesen. So auch später *Ganshof van der Meersch*, Réflexions, S. 53, Fußn. 179.

[47] *Maridakis*, IPR, Bd. A, S. 59, und Der griechische Richter, S. 228 (hier nicht ausdrücklich), schließt die allgemeinen Rechtsgrundsätze von der Regelung der allgemeinen Regeln des VR aus. a. M. *Tenekides*, Internationales öffentliches Recht, Bd. A, S. 183. Im übrigen findet man — soweit ersichtlich — keine anderen Stellungnahmen dazu.

[48] So die überwiegende Meinung hinsichtlich des Art. 25 GG in der BRD. Vgl. etwa *Mosler*, Praxis, S. 39 ff.; *Doehring*, aaO., S. 129 ff.; *Stumpfe*, Die allgemeinen Regeln, insbesondere S. 55 ff.; *Partsch*, Bericht, S. 72 ff.; *Vogel*, Verfassungsentscheidung, S. 36 f., mit umfangreichen Literaturhinweisen; *Rudolf*, aaO., S. 250 ff., und insbesondere S. 252; *Wenig*, aaO., S. 27 ff. In der Regel wird dieses Problem im Zusammenhang mit der rechtlichen Bedeutung des Rechtssatzes „pacta sunt servanda" für die Regelung der innerstaatlichen Stellung der Verträge behandelt; dazu vgl. gleich unten S. 80 f.
So auch die überwiegende Meinung in Griechenland; vgl. *Maridakis*, Der griechische Richter, S. 228; *Svolos*, Verfassungsrecht, A, S. 172 f.; *Spyropulos*, aaO., S. 20; *Eustathiades*, Internationales öffentliches Recht, A, S. 41 f. a. M. unter Berufung auf den Rechtsgrundsatz pacta sunt servanda *Tenekides, G.*, Internationales öffentliches Recht, A, S. 188; *Kalogeropulos-Stratis*, aaO., S. 32.
In Belgien werden freilich bei der Kommentierung des vorgeschlagenen Art. 107bis die vertraglichen Normen von dessen Regelung ausgenommen. Vgl. dazu *Salmon-Suy*, aaO., S. 90 f.; ferner *Ganshof van der Meersch*, aaO., S. 53, Fußn. 179. Dies dürfte auch nach dem heutigen Rechtszustand zutreffen.
Die deutsche Rechtsprechung hierzu vgl. gleich unten. Die belgischen und die griechischen Gerichte haben sich damit nicht befaßt.

Zur Regelung ihrer innerstaatlichen Stellung sind jeweils andere rechtstechnische Mittel vorgesehen[49]. Dies bedeutet wiederum nicht, daß beiden Normenkomplexen in vielfacher Hinsicht im innerstaatlichen Rechtsraum keine ähnliche Stellung eingeräumt werden kann[50]. Ist dies der Fall, so erfolgt diese (ähnliche) Regelung eben durch verschiedene rechtstechnische Mittel[51].

Nicht selten weisen — vor allem seit dem Zweiten Weltkrieg — völkerrechtliche Verträge eine gewisse „Allgemeinheit" oder Universalität auf. Die Frage, ob solche Verträge als von den allgemeinen Regeln des Völkerrechts einbezogen anzusehen sind, wird unten erörtert.

11. An dieser Stelle ist kurz auf die rechtliche Bedeutung des Rechtsgrundsatzes *pacta sunt servanda* für das innerstaatliche Recht einzugehen. Vornehmlich in der Bundesrepublik Deutschland wurde hinsichtlich des Art. 25 GG die Ansicht vertreten, diese Bestimmung erfasse die Regel pacta sunt servanda, und daher sei jede vertragliche Norm auf dem Umweg über diese Regel Gegenstand der Regelung des Art. 25 GG[52]. Diese Konstruktion hat Anlaß zu einer heftigen Diskussion gegeben[53] und eine gewisse Verbreitung in der Rechtsprechung[54] der deutschen Gerichte erfahren. Die Unhaltbarkeit dieser Konstruktion wurde im Schrifttum mit unterschiedlicher Argumentation überzeugend nachgewiesen[55]. Die Rechtsprechung hat sich an diese ablehnende These nach anfänglichem Schwanken ständig angeschlossen[56]. Die aus der diesbezüglichen Diskussion und der Rechtsprechung ge-

---

[49] In der BRD grundsätzlich Art. 59, 2 GG; in Belgien Art. 62, Abs. 2 der geltenden Verfassung; in Griechenland Art. 32, S. I der Verfassung von 1952 bzw. Art. 53 der Verfassung von 1968.

[50] So etwa in bezug auf den Rang, die Auslegung usw.

[51] Dies kann theoretisch nicht ausgeschlossen werden. Die Regelung aber beider Normenkomplexe durch dasselbe Mittel würde der Praxis erhebliche Schwierigkeiten bereiten.

[52] So vor allem *Kaufmann*, Normenkontrollverfahren, S. 453. Die Vertreter dieser Konstruktion vgl. bei *Mosler*, Praxis, S. 39, Fußn. 92, und *Doehring*, aaO., S. 133, Fußn. 450.

[53] Dazu vor allem *Mosler*, aaO., S. 39 ff.; *Pigorsch*, aaO., S. 90 ff.; *Doehring*, aaO., S. 129 ff.; *Partsch*, aaO., S. 72 ff.; *Rudolf*, aaO., S. 254 f., 259 ff.

[54] Vgl. etwa LG Stuttgart, Beschluß vom 24. April 1951, NJW 1951, S. 850; BGHSt, Beschluß vom 3. März 1954, Bd. 5, S. 402; OLG Hamm, Urteil vom 30. Aug. 1955, NJW 1956, S. 309. Zu diesen Entscheidungen vgl. *Mosler*, aaO., S. 39 f.

[55] Vgl. die in Fußn. 53 zit. Arbeiten und neuerdings *Wenig*, aaO., S. 29 ff.

[56] Vgl. OVG Münster, Urteil vom 25. Nov. 1955, NJW 1956, S. 1375; Konkordatsurteil, BVerfGE, Bd. 6, S. 363; die von *Tomuschat* (Deutsche Rechtsprechung in völkerrechtlichen Fragen 1958—1965, S. 62) referierten Entscheidungen. Wie im Text *Partsch*, aaO., S. 73.

wonnenen Eindrücke weisen eindeutig darauf hin, daß die Annahme dieser Konstruktion ad absurdum führt[57].

d) Völkerrechtliche Verträge, die Normen des allgemeinen Völkergewohnheitsrechts enthalten

12. Bekanntlich gibt es Normen des Völkervertragsrechts[58], die eine gewisse Allgemeinheit oder Universalität aufweisen. Es fragt sich daher, ob solche Normen den allgemeinen Regeln zuzurechnen sind.

Zunächst ist zwischen denjenigen Normen zu unterscheiden, die bereits Bestandteil des allgemeinen Völkergewohnheitsrechts sind und jenen, die lediglich eine universelle oder auch quasiuniverselle Tendenz tragen. Im ersteren Fall werden gewohnheitsrechtliche Normen vertraglich festgelegt. Dadurch erlangen sie eine *doppelte* Rechtsnatur. Demgegenüber handelt es sich im zweiten Fall um vertragliche Normen, die über die gewohnheitsrechtliche Qualität nicht verfügen. Diese Unterscheidung ist für die folgenden Bemerkungen maßgebend[59].

Es ist davon auszugehen, daß die Völkerrechtsnormen, welche ausschließlich vertraglichen Charakter tragen — also nicht Bestandteil des allgemeinen Völkergewohnheitsrechts sind —, nicht unter die allgemeinen Regeln des Völkerrechts und infolgedessen die sich auf sie beziehenden rechtstechnischen Mittel fallen. Die Regelung ihrer innerstaatlichen Stellung erfolgt durch die für die Verträge vorgesehenen Mittel[60].

---

[57] In der griechischen und belgischen Rechtsprechung hat diese Frage keine Rolle gespielt. *Eustathiades* (Les conflits entre les traité et la loi nationale, S. 385) lehnt ausdrücklich die Geltung dieser Regelung für das griechische Recht ab. Vgl. aber die oben S. 79 (Fußn. 48) zitierten Autoren.

[58] Damit sind im Grunde genommen materiellrechtliche Bestimmungen eines Vertrages gemeint und nicht Bestimmungen, die technische Probleme regeln (etwa Austausch von Ratifikationsurkunden, Dauer, Kündigung des Vertrages u. a.).

[59] In diesem Sinne etwa *Rudolf*, aaO., S. 253. Hierzu sind die Grenzen flüssig und nicht leicht erkennbar. So ist ein Vorgang, nach dem ein universeller Vertrag zur Bildung von Normen des allgemeinen VGR führt, nicht nur denkbar, sondern vielmehr für die Praxis bedeutsam. Ist dieses letztere der Fall, was jeweils durch eine sorgfältige Analyse der Staatenpraxis zu ermitteln ist, so liegt zugleich allgemeines VGR vor, dem als solchem innerstaatlich Geltung und Anwendung eingeräumt werden kann. Im übrigen ist dieser Vorgang ebenso zur Bildung von partikulärem oder regionalem VGR denkbar. In einem solchen Falle läge aber partikuläres bzw. regionales VGR vor, das nicht von den allgemeinen Regeln erfaßt werden könnte. Zu dem gesamten Fragenkomplex vgl. vor allem und statt vieler neuerdings *Baxter*, Treaties and custom.

[60] In diesem Sinne in bezug auf Art. 25 GG in der BRD etwa *Mosler*, Praxis, S. 32 f.; *Dahm*, VR I, S. 66; *Rudolf*, aaO., S. 251 ff.; er führt (S. 252) ausdrücklich aus: „Art. 25 GG erfaßt daher niemals Normen des Vertrags-

Dieser ablehnenden These kommt jedoch kaum praktische Bedeutung zu, da die „allgemeinen" Verträge vorwiegend Normen des allgemeinen Völkergewohnheitsrechts enthalten[61] und insofern nur *deklaratorischen Charakter* aufweisen[62]. Dies kommt vornehmlich zum Ausdruck, seitdem die organisierte Völkergemeinschaft den Versuch unternommen hat, die Normen des allgemeinen Völkergewohnheitsrechts zu kodifizieren[63]. Nach dem zweiten Weltkrieg haben im Rahmen der Organisation der Vereinten Nationen[64] eine Intensivierung erfahren, und es ist vorauszusehen, daß sie in vielen Bereichen erfolgreich sein werden[65]. Durch diesen Vorgang verlieren die jeweils betreffenden Normen ihren gewohnheitsrechtlichen Charakter nicht, sondern erlangen eine doppelte

---

völkerrechts *als solchem.*" A. M. etwa *von Mangoldt-Klein,* Das Bonner Grundgesetz, Art. 25, Anm. III 3 a; *Pigorsch,* aaO., S. 11; *Berber,* VR I, S. 99; *Klein,* Die MRK, S. 168 ff., mit Übersicht über die Meinungsverschiedenheit im Schrifttum (Fußn. 90, 91); neuerdings *Wenig,* a.a.O., S. 28 f.

In diesem Sinne auch die herrschende Lehre in Griechenland: vgl. *Svolos,* Verfassungrsecht, S. 173; *Spyropulos,* aaO., S. 20; *Tenekides, G.,* Internationales öffentliches Recht, S. 183 ff. (zumindest de lege lata); *Eustathiades,* Internationales öffentliches Recht, S. 42; *Maridakis,* Der griechische Richter, S. 228.

Dieser Meinung scheint auch die belgische Lehre zu sein: vgl. die Kommentierung des vorgeschlagenen Art. 107bis bei *Salmon-Suy,* aaO., S. 90 f.

Im übrigen ist die Rechtsprechung des BVerfG in diesem Sinne zu verstehen. Dies ergibt sich implizite aus den Erkenntnisquellen, welche das Gericht hinsichtlich der allgemeinen Regeln des VR in Betracht zieht. Vgl. BVerfGE, Bd. 23, S. 305 und S. 317: „Die allgemeinen Regeln des Völkerrechts sind vorwiegend universell geltendes Völkergewohnheitsrecht, ergänzt durch anerkannte allgemeine Rechtsgrundsätze"; ähnlich BVerfGE, Bd. 15, S. 32 f. Anders aber BVerfGE, Bd. 16, S. 33: „Die allgemeinen völkerrechtlichen Regeln über die Staatenimmunität können nur dem Völkergewohnheitsrecht angehören. Vertragliche Regeln, die allgemeine Anerkennung gefunden hätten, fehlen."

Die belgische und die griechische Rechtsprechung nehmen dazu direkt nicht Stellung. Eine generelle Betrachtung der Gerichtspraxis führt aber zu dem Ergebnis, daß sie die hier vertretene These billigen.

[61] Entweder weil sie Normen des allgemeinen VGR kodifizieren oder weil sie zur Bildung solcher Normen führen.

[62] Dies wird zum größten Teil von den Autoren übersehen, die die Meinung vertreten, daß unter die allgemeinen Regeln des VR auch die allgemeinen Verträge als solche fallen.

[63] So schon die Kodifizierung des Landkriegsrechtes im Rahmen der Haager Friedenskonferenzen in den Jahren 1899 und 1907.

[64] Art. 13, 1 (a) der Charta der Vereinten Nationen: „Die Generalversammlung veranlaßt Untersuchungen und gibt Empfehlungen ab, a) um ... die fortschreitende Entwicklung des Völkerrechts sowie seine Kodifizierung zu begünstigen ..."

[65] Dazu vgl. etwa *Kägi,* Kodifikation, WVR² II, S. 228 ff., und neuerdings den Bericht von *Steinberger,* Bemühungen zur Kodifizierung und Weiterentwicklung des Völkerrechts im Rahmen der Organisation der Vereinten Nationen. Ein ausgesprochen gutes Beispiel hierzu liefert die Wiener Konvention über diplomatische Beziehungen vom 18. 4. 1961.

Rechtsnatur. Sie werden gleichzeitig zum Bestandteil des Völkervertragsrechts.

Nun taucht die Frage auf, ob diese Normen im Hinblick auf ihre innerstaatliche Stellung als vertragliche oder gewohnheitsrechtliche Normen zu behandeln sind und darüber hinaus, von welchen rechtstechnischen Mitteln sie erfaßt werden. Nachdem angenommen wurde, daß solchen vertraglichen Normen im Völkerrecht selbst in aller Regel deklaratorische Bedeutung zukommt, fällt die Antwort eindeutig aus. Ebenso ist ihnen innerstaatlich — sollte ihre Geltung und daher Anwendung etwa durch ein Zustimmungs- bzw. Vertragsgesetz vorgesehen sein — deklaratorische Bedeutung beizumessen. Dies bedeutet, daß auch im Rahmen des innerstaatlichen Rechts ihre gewohnheitsrechtliche Natur als maßgebend anzusehen ist. Ein parallel existierendes und als rechtstechnisches Mittel fungierendes Zustimmungs- bzw. Vertragsgesetz kann — zumindest negativ — auf die innerstaatliche Stellung dieser Normen nicht einwirken[66]. Es spielt also keine Rolle, ob etwa die Geltungsdauer des Vertrages selbst oder des Zustimmungsgesetzes abläuft, oder ob der Vertrag gekündigt wird etc. Ebenso entbehren die von diesem Vorgang erfaßten Normen nicht innerstaatlich den höheren Rang, den sie unter Umständen genießen[67].

---

[66] So einhellig die Lehre in der BRD; vgl. dazu vor allem *Doehring*, aaO., S. 130; *Partsch*, aaO., S. 71 f.; *Rudolf*, aaO., S. 250 f.; *Wenig*, aaO., S. 28. Übereinstimmend die Rechtsprechung; vgl. *Doehring*, aaO., S. 130, Fußn. 441; *Tomuschat*, aaO., S. 58 f.; *Bleckmann*, Deutsche Rechtsprechung in völkerrechtlichen Fragen 1966—68, S. 277; neuerdings auch in diesem Sinne BVerfGE, Bd. 27, S. 276 f., 293.

Ebenso in Griechenland: vgl. *Svolos*, aaO., S. 173; *Constantopoulos*, Verbindlichkeit, S. 198; *Spyropulos*, aaO., S. 20; *Tenekides*, Internationales öffentliches Recht, S. 184 f.; *Eustathiades*, Internationales öffentliches Recht, A, S. 42. Aus der Rechtsprechung vgl. etwa die sich auf die Haager Landkriegsordnung beziehenden Entscheidungen: Staatsrat 1848/1952, EEAN 1953—54, S. 143 ff., insbesondere S. 146; OLG Thrazien 21/1947, EEN 1947, S. 277 ff., insbesondere S. 279; dasselbe 18/1949, Themis 1949, S. 215 ff., insbesondere S. 216; Areopag 140/1955, EEN 1955, S. 546 f., und anschließend (S. 547 f.) Kommentierung von *Tenekides*, G., der die Frage zutreffend und ausführlich erörtert. Ferner die sich auf die Wiener Konvention über diplomatische Beziehungen beziehende Entscheidung: LG Athen (Vorsitzender) 2626/1965 Armenopulos, 1965, S. 777 ff., insbesondere S. 780 und Gutachten der Staatsanwaltschaft beim Areopag 9/1966, EEN 1966, S. 612 ff., insbesondere S. 613; Gutachten der Staatsanwaltschaft beim LG Athen 4/1969, EEN 1969, S. 185.

Aus dem belgischen Schrifttum äußert sich, allerdings mittelbar, hierzu nur *Rigaux*, Les conflits, S. 276. Die Rechtsprechung ist auch in diesem Sinne zu verstehen: vgl. etwa Cour de Cassation, 16 juin 1947, Pas. I 1947, S. 275; dasselbe 26 janvier 1948, Pas. I 1948, S. 54; dasselbe 4 juillet 1949, Pas. I 1949, S. 515, 519; dasselbe 27 nov. 1950, Pas. I 1951, S. 181 ff. Dazu vgl. aber eingehender oben C, II.

[67] So zutreffend etwa *Partsch*, aaO., S. 71 f.; *Rudolf*, aaO., S. 252.

Besitzt dieser Vorgang grundsätzlich keine konstitutive Kraft, so kann er sich dennoch hinsichtlich der Anwendung der allgemeinen Regeln im innerstaatlichen Bereich positiv auswirken. Es ist wohl bekannt, daß die innerstaatlichen Rechtsanwendungsorgane oft vor erheblichen Schwierigkeiten stehen bei dem Bemühen einerseits, die Existenz dieser Normen festzustellen und andererseits ihren Inhalt und ihre Tragweite zu ermitteln. Ist nun ein kodifikatorischer Vertrag vorhanden, so lassen sich diese Schwierigkeiten erheblich überwinden. Die Rechtsanwendungsorgane können dann die relevanten Vertragsbestimmungen ihren Entscheidungen zugrunde legen[68]. Es versteht sich von selbst, daß sie dabei Normen des allgemeinen Völkergewohnheitsrechts anwenden.

Im übrigen kann es ausnahmsweise vorkommen, daß dieser Vorgang teilweise, je nach den Eigentümlichkeiten der betreffenden Rechtsordnung, konstitutiv wirkt. Dies darf unter dem Vorbehalt akzeptiert werden, daß dadurch die innerstaatliche Stellung der Normen des allgemeinen Völkergewohnheitsrechts verstärkt wird[69].

13. Was unter dem rechtstechnischen Terminus „allgemeine Regeln des Völkerrechts" zu verstehen ist, bestimmt grundsätzlich das Völkerrecht. Darunter fallen vornehmlich Normen des allgemeinen Völkergewohnheitsrechts. Sie werden von den sich auf die allgemeinen Regeln beziehenden rechtstechnischen Mitteln erfaßt. Es kann jedoch vorkommen, daß dieselben Mittel gleichzeitig die innerstaatliche Stellung der Normen des partikulären und regionalen Völkergewohnheitsrechts regeln (so in Belgien und Griechenland, anders in der BRD).

Den allgemeinen Rechtsgrundsätzen kann Relevanz im innerstaatlichen Rechtsraum nur dann zuerkannt werden, wenn davon ausgegangen wird, daß diese aus der Struktur der Völkerrechtsordnung abgeleitet werden. Die Funktion, die ihnen im Völkerrecht zukommt, ist für ihre innerstaatliche Stellung entscheidend. Sie ergänzen und artikulieren Völkerrechtsnormen bei ihrer innerstaatlichen Geltung und Anwendung. In diesem Sinne sind sie Gegenstand der Regelung der sich auf die allgemeinen Regeln beziehenden rechtstechnischen Mittel.

Dagegen fallen unter die allgemeinen Regeln nicht völkerrechtliche Verträge, auch wenn sie „allgemein" sind. Eine Ausnahme hierzu stel-

---

[68] In diesem Sinne etwa vorwiegend die schon (Fußn. 66) zitierten Entscheidungen.

[69] Auf einen solchen Fall, der im belgischen Recht anzutreffen ist, wurde schon (oben C, II) eingegangen. Die obige Bemerkung mag vor allem für das Rangproblem relevant sein. So etwa erlangen in den Niederlanden, wo nach der herrschenden Meinung die Verträge Verfassungsrang genießen, die in einem Zustimmungsgesetz enthaltenen Normen des allgemeinen VGR auch Verfassungsrang.

len diejenigen Verträge dar, die Normen des allgemeinen Völkergewohnheitsrechts enthalten. In der Regel kommt ihnen aber nur
deklaratorische Bedeutung zu.

VI. Rang der allgemeinen Regeln des Völkerrechts in der innerstaatlichen Normenhierarchie (Rangproblem)

1. Verlangt das Völkerrecht vom innerstaatlichen Recht lediglich die
Beachtung seiner Gebote bzw. Verbote, ohne sie im einzelnen zu bestimmen, so ist daraus zu folgern, daß die *Rangeinstufung* der allgemeinen Regeln im innerstaatlichen Rechtsraum Angelegenheit des
innerstaatlichen Rechts ist. Zwar wird behauptet, daß die Gewährleistung gewisser elementarer völkerrechtlicher Gebote bzw. Verbote
im innerstaatlichen Bereich unabhängig vom innerstaatlichen Recht
erfolge[1]. Danach müßte konsequenterweise angenommen werden, daß
die (innerstaatliche) Rangeinstufung irrelevant ist, da die entsprechenden Gebote bzw. Verbote keiner innerstaatlichen Norm — einschließ-
lich Verfassungsbestimmungen — nachgeben müßten. Diese Behauptung
trifft aber deswegen nicht zu, weil — wie dargelegt — das Völkerrecht
die automatische Geltung seiner Gebote im innerstaatlichen Rechtsraum nicht vorschreibt. Im geltenden Völkerrecht gibt es freilich gewisse allgemeine Regeln, die heftiger zum innerstaatlichen Recht drän-
gen und die Staaten zwingen, die erforderlichen Maßnahmen zu treffen, um diesen Regeln innerstaatliche Geltung und Anwendung zu verschaffen (C, I).

2. Nach dieser Feststellung ist zu prüfen, wie die Rangeinstufung der
allgemeinen Regeln des Völkerrechts innerhalb einer innerstaatlichen
Rechtsordnung erfolgt. Es wurde schon ausführlich dargelegt (C, II—IV),
daß die rechtstechnischen Mittel im Zusammenhang mit den rechtstechnischen Methoden die innerstaatliche Stellung dieser Regeln bestimmen. Die Mittel sind ihrerseits stets in einem Staatsakt enthalten,
welchen die die legislative Funktion ausübenden Staatsorgane erlassen[2]. Dies bedeutet, daß sich zunächst der Rang der allgemeinen
Regeln im innerstaatlichen Bereich nach jenem Rang richtet, den die

---

[1] So etwa ausdrücklich *Schauman* in dem Bericht von *Partsch* (S. 58). Eher
in diesem Sinne *Partsch* (aaO., S. 60), dessen Ausführungen hierzu zweideutig
sind: Er führt wörtlich aus (S. 60): „So läßt sich als Ergebnis der Untersuchung 1—3 nur festhalten, daß der Rang der allgemeinen Regeln des
Völkerrechts zum Landesrecht — soweit sich dieser nicht ausnahmsweise
aus der Natur oder dem grundlegenden Charakter derartiger Regeln von
selbst ergibt — durch einen staatlichen Rangeinstufungsbefehl bestimmt
wird, der sie in die formelle Rangskala der staatlichen Rechtsquellen ein-
reiht und dadurch die völkerrechtliche Rangordnung weitgehend aufhebt."
Vgl. aber ebd., S. 62 f.

[2] Als solcher versteht sich hier auch ein gewohnheitsrechtliches Gebot.

jeweils entsprechenden Mittel besitzen. Daraus ergibt sich, daß sich der Rang dieser Regeln durch das Organ bzw. Verfahren bestimmt, von welchem bzw. in welchem die rechtstechnischen Mittel erzeugt werden[3].

3. Die Hauptvarianten der Rangeinstufung in die innerstaatliche Normenhierarchie sind folgende: Verfassungs-[4], Gesetzes-[5] und Untergesetzesrang[6,7]. Andere Varianten sind denkbar. So läßt sich etwa ein Rang zwischen der Verfassung und dem einfachen Gesetz oder zwischen dem einfachen Gesetz und der Verordnung vorstellen[8]. Diese letzteren Varianten stellen Ausnahmen dar. Deshalb bedarf es der Berücksichtigung der Eigentümlichkeiten jeder innerstaatlichen Rechtsordnung hinsichtlich der Einstufung ihrer Rechtsquellen, damit festgestellt werden kann, wann und unter welchen Bedingungen diese Varianten in Frage kommen.

Dagegen muß ein Überverfassungsrang ausgeschlossen werden. Dies trifft auch dann zu, wenn das rechtstechnische Mittel in einer Verfassungsbestimmung enthalten ist. Die Verfassung steht an der Spitze der innerstaatlichen Normenhierarchie und — soweit sie sich behaupten kann — erkennt keine höhere Norm an[9]. Sie unterscheidet freilich — insbesondere die starre Verfassung des modernen Verfassungsstaates — zwischen unabänderbaren und abänderbaren Verfassungsnormen. Diese Unterscheidung beruht auf materiellen Gesichtspunkten (elementare Verfassungsgrundsätze) und findet auf formeller Ebene in dem jeweils vorgesehenen Revisionsverfahren Niederschlag. Daher kann

---

[3] Vgl. *Partsch*, aaO., S. 57.

[4] Damit sind unabänderbare und abänderbare Verfassungsbestimmungen gemeint.

[5] Der Terminus „Gesetz" versteht sich hier im formellen Sinne.

[6] Damit ist vornehmlich Verordnungsrecht gemeint.

[7] Vgl. dazu vor allem *Partsch*, aaO., S. 56 ff., und den rechtsvergleichenden Überblick über das Rangproblem bei *Seidl-Hohenveldern*, Transformation, S. 94 ff.

[8] Diese letztere Möglichkeit wurde in der der Kommission vorgelegten Frage VIII, 3 nicht berücksichtigt.

[9] Ausgesprochen gute Beispiele zur Behandlung dieses interessanten Fragenkomplexes sind die sich in der letzten Zeit häufenden Fälle von Diplomatenentführungen. Da aber die Kenntnis des Verfassungsrechts der Staaten, in deren Gebiet eine Diplomatenentführung stattfindet, notwendig ist, muß hier auf die Erörterung solcher Fälle verzichtet werden. Außerdem sind Informationen nur aus Presseberichten vorhanden. Kurz ist folgendes zu sagen: Ist der ausgeübte diplomatische Druck effektiv genug, so kann er — stets im innerstaatlichen Bereich — dazu führen, daß völkerrechtliche Gebote auch dann beachtet werden, wenn dadurch Verfassungsbestimmungen verletzt werden. Es handelt sich allerdings um Ausnahmefälle, die in kritischen Situationen vorkommen können. Diesbezüglich erklärte z. B., wie aus Pressemeldungen hervorgeht, die Regierung Guatemalas zum Fall von Spretti, verfassungsrechtliche Hindernisse erlaubten der Regierung nicht, sich effektiver für die Befreiung des entführten Diplomaten einzusetzen.

der Verfassungsgeber den allgemeinen Regeln des Völkerrechts höch-
stens den Rang unabänderbarer Verfassungsnormen verleihen. Wann
dies zutrifft, ist aus den hierfür evtl. bestehenden Verfassungsbestimmungen zu entnehmen[10]. Ein Überverfassungsrang wäre, wie Rudolf[11]
richtig hervorhebt, nur dann gerechtfertigt, wenn von einer monistischen
Völkerrechtstheorie oder einer naturrechtlichen Konstruktion ausgegangen würde[12].

Die das rechtstechnische Mittel enthaltende Norm kann den allgemeinen Regeln den Rang, den sie selbst in der innerstaatlichen Normenhierarchie besitzt oder einen niedrigeren Rang zuweisen. Sie vermag
also ihnen keinen höheren Rang einzuräumen. So ist es denkbar, daß
eine Verfassungsbestimmung den allgemeinen Regeln Verfassungs-
oder Gesetzesrang[13] oder auch einen Rang zwischen der Verfassung
und dem einfachen Gesetz[14] verleiht, eine Gesetzesbestimmung dagegen
Gesetzes- oder Untergesetzesrang usw.

4. Bei der Rangeinstufung der allgemeinen Regeln des Völkerrechts
ist vor allem dann besonders vorsichtig zu verfahren, wenn den allgemeinen Regeln Übergesetzes- oder Verfassungsrang verliehen werden
soll. Dabei handelt es sich um einen Vorrang, der den Rang eines dem
innerstaatlichen Recht zunächst fremden Normenkomplexes bestimmt.
Deswegen muß sorgfältig geprüft werden, was einerseits das Völkerrecht selbst von dem innerstaatlichen Recht für die Durchführung seiner Gebote bzw. Verbote verlangt und andererseits, ob und inwieweit
eine innerstaatliche Rechtsordnung bereit ist, die mit einem höheren
Rang verbundenen Konsequenzen zu akzeptieren. Ein höherer Rang ist
nicht a priori als „völkerrechtsfreundlich", wie oft propagiert wird,
anzusehen. Er kann unter Umständen zu einer paradoxen Situation
führen, indem ein Staat — allgemein betrachtet — völkerrechtswidrig
handelt, da er auf der Beachtung einer allgemeinen Regel, die Über-

---

[10] Dies ist bis jetzt — soweit ersichtlich — in keinem Staat der Fall.
Lediglich in der BRD wurde hinsichtlich des Art. 25 GG die Meinung ver-
treten, dieser verleihe den allgemeinen Regeln den Rang unabänderbarer
Verfassungsbestimmungen.

[11] VR und dt. Recht, S. 265.

[12] Diese Problematik wurde im deutschen Schrifttum ausführlich in bezug
auf die Bedeutung des Art. 25 GG und insbesondere seiner Rangklausel:
„Sie gehen den Gesetzen vor . . ." behandelt. Dazu vgl. etwa *Mosler*, Praxis,
S. 43 ff.; *Pigorsch*, Einordnung, S. 52 ff.; *Doehring*, Die allgemeinen Regeln,
S. 173 ff.; *Partsch*, aaO., S. 61 ff.; *Rudolf*, aaO., S. 264 ff. Bei den zitierten
Arbeiten sind die Argumente pro und contra eines Überverfassungsranges
mit weiteren Nachweisen zu finden. Im übrigen haben die dort enthaltenen
Ausführungen nicht selten allgemeiner Bedeutung.

[13] In diesem Sinne wurde Art. 4 WV von der herrschenden Meinung ausgelegt. Vgl. *Pigorsch*, aaO., S. 28 ff., mit umfangreichen Hinweisen.

[14] So versteht etwa die herrschende Meinung die Rangklausel des Art. 25
GG.

gesetzes- oder Verfassungsrang genießt, beharrt. Es darf nicht übersehen werden, daß eine „Harmonisierung" zwischen Völkerrecht und innerstaatlichem Recht manchmal eine gewisse Flexibilität erfordert. Darüber hinaus ist zu bedenken, daß es nicht immer leicht — manchmal sogar praktisch überhaupt nicht möglich — ist, eine Verfassungsrevision vorzunehmen, um den sich evtl. ergebenden Forderungen aus dem Verhältnis zwischen Völkerrecht und innerstaatlichem Recht (innerstaatlich) nachzukommen. So erweist sich z. B. in der Bundesrepublik Deutschland, wo das Verfahren der Verfassungsrevision relativ einfach ist, der Übergesetzesrang weitgehend als unproblematisch. Dagegen könnte ein solcher Rang in Belgien und in Griechenland, wo das Revisionsverfahren erwiesenermaßen unbeweglich ist, unter Umständen erhebliche Schwierigkeiten bereiten. Diese Schwierigkeiten ließen sich durch eine Differenzierung der allgemeinen Regeln vermeiden. So wäre ein Verfassungsrang etwa für die allgemeinen Regeln, die sich auf den Mindeststandard für Menschenrechte oder einen bestimmten Teil des sogenannten humanitären Völkerkriegsrechts[15] beziehen, als unproblematisch zu betrachten. Dagegen müßte anderen allgemeinen Regeln[16] lediglich Gesetzesrang zuerkannt werden[17]. Die Idee einer solchen Differenzierung der allgemeinen Regeln hinsichtlich des Ranges, die viele Vorteile aufweist, hat bis jetzt nicht genügend Beachtung gefunden.

Auf die Besonderheiten, welche die in gewohnheitsrechtlichen Geboten enthaltenen Mittel aufweisen, ist noch kurz einzugehen. Gemäß der angenommenen Ausgangsposition[18] hängt auch dann der Rang der allgemeinen Regeln von jenem Rang ab, den eine innerstaatliche Rechtsordnung den gewohnheitsrechtlichen Normen einräumt. Genießen sie unter gewissen Voraussetzungen Verfassungsrang, so kommt den von ihnen erfaßten allgemeinen Regeln ebenso Verfassungsrang zu. Räumt dagegen eine innerstaatliche Rechtsordnung den Gewohnheiten Gesetzesrang ein, so genießen entsprechend die allgemeinen Regeln Gesetzesrang usw. Die allgemeinen Regeln können jedoch in einem solchen Fall keinen höheren Rang als den erlangen, welchen die gewohnheitsrechtlichen Normen besitzen. Demgegenüber darf ein niedriger Rang in dem oben erörterten Sinne nicht ausgeschlossen werden. Daraus ergibt sich, daß der Rang der allgemeinen Regeln, wenn ihre inner-

---

[15] z. B. die Normen der Genfer Abkommen zum Schutze von Kriegsopfern, sofern diese allgemeine Regeln des Völkerrechts sind.

[16] Man denke etwa an die Bestimmungen, die sich auf die occupatio bellica beziehen. Welche Kriterien allerdings für eine solche Differenzierung herangezogen werden müssen, ist nicht leicht zu ersehen. Hierzu bedarf es einer sorgfältigen Analyse.

[17] Eine vorbildliche Lösung bieten hierfür zum Teil Art. 13/1952 bzw. Art. 8/1968 der griechischen Verfassungen. Diese Bestimmungen haben jedoch merkwürdigerweise nie Anwendung gefunden.

[18] Vgl. gleich oben, S. 85 ff.

staatliche Stellung durch ein gewohnheitsrechtliches Gebot bestimmt wird, von jenem Rang abhängt, den eine innerstaatliche Rechtsordnung jeweils den Gewohnheiten zuerkennt. Geht man davon aus, so ist der Fall denkbar, daß den gewohnheitsrechtlichen Normen innerhalb einer bestimmten innerstaatlichen Rechtsordnung zwar Gesetzesrang, jedoch mit der Einschränkung zukommt, daß diese und infolgedessen die von ihnen innerstaatlich erfaßten allgemeinen Regeln nicht den Gesetzen im formellen Sinne widersprechen dürfen. Eine solche Rangeinstufung käme aber nicht dem Gesetzesrang gleich.

Der Rang ist vornehmlich bei einer konkurrierenden Geltung verschiedenrangiger allgemeiner Regeln des Völkerechts und Normen des innerstaatlichen Rechts im Bereich des letzteren entscheidend. In einem solchen Falle können Konflikte entstehen, die eine Lösung finden müssen. Kommen allgemeine Regeln des Völkerrechts einer höherrangigen Norm des innerstaatlichen Rechts entgegen, so ist anzunehmen, daß diese jener nachgeben müssen. Dies könnte unter Umständen die völkerrechtliche Haftung des Staates zur Folge haben. Aus diesem Grunde hat jeder Staat Interesse daran, eine solche Situation möglichst durch Heranziehung geeigneter Mittel zu vermeiden. Die Rechtspraxis sieht grundsätzlich hierfür zwei Mittel vor, die jeweils mit verschiedener Intensität und Effektivität praktiziert werden. Der Gesetzgeber bemüht sich, keine den allgemeinen Regeln widersprechende Normen zu erlassen oder anders ausgedrückt, das innerstaatliche Recht *völkerrechtskonform zu gestalten*. Geschieht dies nicht, so können Konflikte durch die Heranziehung des Grundsatzes der *völkerrechtskonformen Auslegung seitens der Rechtsanwendungsorgane* beseitigt werden. Werden diese beiden Mittel praktiziert, so können Konflikte zwischen allgemeinen Regeln des Völkerrechts und Normen des innerstaatlichen Rechts weitgehend vermieden werden. Die innerstaatliche Stellung der allgemeinen Regeln wird dadurch auf *rechtsmaterieller Ebene* ausreichend gesichert.

Eventuell entstehende Konflikte sind vor allem dann evident und die oben erwähnten Mittel damit relevant, wenn den allgemeinen Regeln Gesetzes- oder Untergesetzesrang zuerkannt wird. Dagegen treten solche Konflikte seltener in Erscheinung, wenn den allgemeinen Regeln ein Übergesetzesrang oder sogar Verfassungrang zukommt. Im letzteren Fall ist das Gebot nach der völkerrechtskonformen Gestaltung der innerstaatlichen Rechtsordnung und der völkerrechtskonformen Auslegung Bestandteil der in den Mitteln enthaltenen Rangklausel.

Nach diesen allgemeinen Bemerkungen wird die Rangeinstufung der allgemeinen Regeln innerhalb der Rechtsordnungen der Bundesrepublik Deutschland, Belgiens und Griechenlands im einzelnen zu erörtern sein.

5. Mosler[19] hatte schon im Jahre 1957 zu Recht geschrieben: „Über den Rang der allgemeinen Regeln im Bundesrecht ist bisher keine Einigkeit erzielt worden." Dies dürfte noch heute als zutreffend angesehen werden[20].

Über einen Punkt besteht hinsichtlich des Wortlauts des Art. 25 GG Einigkeit: Die allgemeinen Regeln gehen den Gesetzen, d. h. den Bundesgesetzen, vor. Diese These ist zwingend aus dem Wortlaut dieser Bestimmung zu entnehmen[21]. Es ist aber heftig umstritten, ob die Rangklausel des Art. 25 GG den allgemeinen Regeln a) einen Rang zwischen dem Grundgesetz und den einfachen Gesetzen (Zwischenrang), b) Verfassungs-, c) Überverfassungsrang verleiht[22].

Auf die sich darauf beziehende Diskussion kann im Rahmen dieser Arbeit nicht näher eingegangen werden. Im Anschluß an die herrschende Meinung[23] ist anzunehmen, daß Art. 25 GG den allgemeinen Regeln einen Rang zwischen der Verfassung und den einfachen Gesetzen zuweist. Hier soll kurz die Frage erörtert werden, ob durch die Annahme eines Zwischenranges diese „völkerrechtsfreundlichste" Lösung aller geltenden Verfassungen hinsichtlich der allgemeinen Regeln[24] abgeschwächt wird. Dies ist abzulehnen. Der Zwischenrang hat zur Folge, daß der Gesetzgeber die von Art. 25 GG vorgeschriebene Stel-

---

[19] Praxis, S. 43.

[20] Vgl. dazu vor allem *Pigorsch*, Einordnung, S. 23 ff.; *Doehring*, aaO., S. 173 ff.; *Partsch*, aaO., S. 61 ff.; *Rudolf*, aaO., S. 264 ff.

[21] So etwa *Mosler*, Praxis, S. 44 f.; *Partsch*, aaO., S. 61; *Rudolf*, aaO., S. 264. Anders war die Rechtslage hierzu unter der Geltung von Art. 4 WV zu entscheiden. Diese Bestimmung enthielt keine Rangklausel und ließ eher eine Deutung dahin zu, daß den allgemeinen Regeln Gesetzesrang zugewiesen wurde. Dazu vgl. vor allem *Pigorsch*, aaO., S. 28 ff., mit weiteren Hinweisen.

[22] Diese Rangeinstufungsmöglichkeiten lassen sich weiter unterteilen. Dazu vgl. vor allem *von Mangoldt-Klein*, Das Bonner Grundgesetz, Art. 25, Anm. V, 2; *Partsch*, aaO., S. 61 und ebd. (S. 7) die der Kommission vorgelegte Frage VIII, 3.

[23] So etwa *von Mangoldt*, Das Völkerrecht in den neuen Staatsverfassungen, S. 15, insbesondere Fußn. 17; *Dahm*, Zur Problematik, S. 70 f.; *ders.*, VR I, S. 67 f.; *Mosler*, Praxis, S. 44 f.; *Berber*, VR I, S. 100; *Rudolf*, aaO., insbesondere S. 267 f. Dieser Meinung hat sich auch die Mehrheit der Mitglieder der Kommission angeschlossen (*Bernhardt, Bertram, Mosler, Scheuner, Seidl-Hohenveldern*); vgl. dazu *Partsch*, aaO., S. 61.
Allgemein für den Überverfassungsrang haben sich etwa *Menzel*, Bonner Kommentar, Art. 25, Anm. II 4; *Klein*, in: *von Mangoldt-Klein*, Das Bonner Grundgesetz, Art. 25, Anm. V 3; *Pigorsch*, aaO., S. 52 ff. und von den Mitgliedern der Kommission *Klein, Schaumann* und *Ophüls* ausgesprochen.
Für einen Verfassungsrang etwa *Doehring*, aaO., S. 181 ff.; *Partsch*, aaO., S. 62 ff.; von den Mitgliedern der Kommission *Meyer-Lindenberg, von Schenck, Scupin, Strebel* (vgl. *Partsch*, aaO., S. 61 f.); neuerdings *Wenig*, aaO., S. 35 ff.

[24] Für Verträge ist die niederländische als die „völkerrechtsfreundlichste" Lösung anzusehen.

lung der allgemeinen Regeln nicht zu berühren vermag. Diese Kompetenz wurde ihm ausdrücklich abgesprochen. Vielmehr haben er und sämtliche Staatsorgane die allgemeinen Regeln zu beachten. Der Zwischenrang erweist sich unter Umständen im Vergleich zu dem Verfassungsrang nur dann als schwächer, wenn die allgemeinen Regeln in Widerspruch zu Verfassungsnormen gelangen und ihnen deshalb nachgeben müssen. Diese Möglichkeit entbehrt aber weitgehend der praktischen Bedeutung[25].

Die These des Zwischenranges bestätigt — nach anfänglichem Schwanken — die Rechtsprechung der deutschen Gerichte und insbesondere des Bundesverfassungsgerichts. Zwar hieß es im Beschluß vom 5. April 1954: „Nachdem Art. 25 GG allgemein den Primat des Völkerrechts vor dem innerstaatlichen Recht als Verfassungsgrundsatz der Deutschen Bundesrepublik proklamiert hat, …"[26], doch wurde diese These seitdem nicht mehr wiederholt. Dagegen äußert sich das Bundesverfassungsgericht im Konkordatsurteil eindeutig gegen einen Verfassungs- und infolgedessen Überverfassungsrang. Der relevante Passus lautet: „Diese Bestimmung (Art. 25 GG) bewirkt, daß diese Regeln … Eingang in die deutsche Rechtsordnung finden und dem deutschen innerstaatlichen Recht — nicht dem Verfassungsrecht — im Range vorgehen[27]." Diese These wiederholt sich später, wenn auch nicht ausdrücklich, in einer Reihe von Urteilen des Gerichts[28].

Der Rang, den Art. 25 GG den allgemeinen Regeln des Völkerrechts zuweist, wird nicht berührt, wenn zugleich die Stellung gewisser allgemeiner Regeln durch andere rechtstechnische Mittel bestimmt wird. Darauf wurde schon (C, II) eingegangen.

6. In Belgien wird den allgemeinen Regeln der Rang eingeräumt, den la coutume et les usages nationaux besitzen, also im Grunde genommen Gesetzesrang[29]. Steht jedoch eine allgemeine Regel nicht in Übereinstimmung mit dem Wortlaut eines Gesetzes, so wird zunächst angenommen, daß diese dem letzteren nachgeben muß[30].

---

[25] Vgl. aber das Ergebnis, zu dem *Doehring* (aaO., S. 186 f.) in bezug auf die allgemeinen Regeln des völkerrechtlichen Fremdenrechts kommt.

[26] BVerfGE, Bd. 1, S. 233.

[27] BVerfGE, Bd. 6, S. 363. Dazu vgl. aber *Doehring*, aaO., S. 182 f.

[28] BVerfGE, Bd. 14, S. 237; BVerfGE, Bd. 15, S. 33; BVerfGE, Bd. 23, S. 316; BVerfGE, Bd. 27, S. 274. Weitere Hinweise aus der Rechtsprechung vgl. bei *Tomuschat*, Deutsche Rechtsprechung in völkerrechtlichen Fragen 1958—65, S. 63.

[29] Dazu vgl. *Rigaux*, Les problèmes, S. 207: „… les principes généraux du droit des gens ont été assimilés à la source correspondante de l'ordre interne: la coutume et les usages nationaux." Ferner *Salmon-Suy*, La primauté, S. 76; *Salmon*, Droit des Gens, S. 137bis.

[30] So schon *Masters*, International Law in national courts, S. 223; *von Kyaw*,

Damit offenbart sich die — zumindest auf formeller Ebene — schwache Stellung der allgemeinen Regeln im belgischen Recht. Sie ist — wie schon dargelegt (C, II) — darauf zurückzuführen, daß ihre Regelung durch ein gewohnheitsrechtliches Gebot erfolgt. Die Möglichkeit allerdings, daß daraus Konflikte entstehen, ist als fernliegend anzusehen[31]. Einerseits, weil die belgische Rechtsordnung weitgehend völkerrechtskonform gestaltet ist, und andererseits, weil solche Konflikte — sollten sie trotz der völkerrechtskonformen Gestaltung vorkommen — durch die Heranziehung und Anwendung des Prinzips der völkerrechtskonformen Auslegung vermieden werden[32]. Diese These bestätigt auch die belgische Rechtsprechung[33].

Der vorgeschlagene Art. 107bis, der nicht geltendes Recht darstellt, enthält mittelbar eine Rangklausel, die lautet: „Les cours et tribunaux n'appliqueront les lois qui autant qu'elles serront conformes aux règles du droit international, ...[34]." Eindeutig ist hinsichtlich des Wortlauts dieser Bestimmung, daß die allgemeinen Regeln des Völkerrechts (ähnlich wie in der BRD) den Gesetzen im formellen Sinne vorgehen sollen. Diesen Regeln wird dadurch kein Verfassungsrang eingeräumt. Der Verfassungsrang bedarf einer besonderen Hervorhebung, die gerade bei dieser Bestimmung fehlt. Im übrigen versteht die Kommission, die den Art. 107bis vorgeschlagen hat, dessen Rangklausel in diesem Sinne[35].

Gewährleistung, S. 178 f., 182; *Salmon-Suy*, aaO., S. 76: „Dès lors, en cas de conflit entre une règle de droit international général et une loi, la primauté appartient sans conteste à la loi." In diesem Sinne auch die Entscheidung des Kassationshofes zum Pittacos-Fall (Pas. I, 1966, S. 1214). Dazu vgl. die kritischen Bemerkungen von *Salmon* (Droit des Gens, S. 138 f.).

[31] In diesem Sinne *Rigaux*, aaO., S. 212: „L'hypothèse, d'un tel conflit paraît assez peu vraisemblable, au moins en Belgique"; *Salmon-Suy*, aaO., S. 76. So schon *Masters*, aaO., S. 225.

[32] In diesem Sinne etwa *von Kyaw*, aaO., S. 178 f.; *Rigaux*, aaO., S. 212; *Salmon-Suy*, aaO., S. 76.

[33] Dies hat neuerdings *Salmon* überzeugend nachgewiesen. Nach einer eingehenden Analyse der Rechtsprechung des Kassationshofes zum Völkergewohnheitsrecht kommt *Salmon* (Le rôle, fine) zum Ergebnis: „Elle (la Cour de Cassation) a aussi dans plusieurs cas assuré la prééminence de la règle coutumière sur le droit interne."

[34] Vgl. den Text in L'adaption, S. 133. Ähnlich lautete der Text im ursprünglichen Vorschlag (ebd., S. 89).

[35] Vgl. die Kommentierung des Art. 107bis bei *Salmon-Suy*, aaO., S. 90: „La formule ne cite que les lois, étant entendu, par application du premier paragraphe de l'article 107, que la règle s'appliquera *a fortiori* à l'égard des arrêtes et réglements généraux provinciaux et locaux." So auch *de Visscher*, Rapport de Synthèse, S. 121. Vgl. ferner den Vorschlag von *Rolin* (Note d'observations, fine): „La loi ne peut être appliquée par aucune juridiction lorsque cette application serait inconciliable avec le respect des règles de droit international général visant l'ordre juridique interne." Den Terminus „la loi" erläutert er (ebd.) folgendermaßen: „Le terme ,la loi' couvre dans

7. In Griechenland wird das Rangproblem nicht einheitlich gelöst. Die von Art. 13/1952 bzw. Art. 8/1968 erfaßten allgemeinen Regeln genießen Verfassungsrang, während den übrigen Regeln Gesetzesrang zukommt. Die Stellung im Verfassungsgefüge der erwähnten Verfassungsbestimmungen und die geregelte Rechtsmaterie sprechen eindeutig für den Verfassungsrang[36]. Die mit diesem Rang verbundenen Konsequenzen sollten für die griechische Rechtsordnung unter normalen Umständen als durchaus zumutbar angesehen werden[37].

Die Stellung aller anderen allgemeinen Regeln des Völkerrechts wird in Griechenland, von den sonst bestehenden Spezialklauseln abgesehen, durch die in Art. 559 Nr. 1 enthaltene Generalklausel geregelt (C, II). Diese Bestimmung räumt den allgemeinen Regeln Gesetzesrang ein. Zwar ist dies aus dem Wortlaut des Art. 559 Nr. 1 nicht unmittelbar zu entnehmen, jedoch ist diese Annahme als unproblematisch zu betrachten. Schon unter der gewohnheitsrechtlichen Regelung der innerstaatlichen Stellung der allgemeinen Regeln hatte sich die Rechtsprechung[38] und die Lehre[39] für den Gesetzesrang eingesetzt.

---

ma pensée non seulement les lois proprement dites mais encore les arrêtés, règlements, decisions ou décrets émanant des pouvoirs subordonnés existant déjà comme de ceux qui seront créés en vertu des articles nouvaux de la Constitution."

[36] In diesem Sinne ist — zumindest implizite — die herrschende Meinung in Griechenland zu verstehen. Vgl. vor allem *Svolos*, Verfassungsrecht, S. 167; *Kyriakopoulos*, Le droit international, S. 202 f.; *Daskalakis*, Der Verfassungsschutz der Sozialrechte, S. 100 ff.; *Manessis*, Verfassungrecht, S. 313 f.; *Georgopulos*, Verfassungsrecht, S. 28.

[37] Merkwürdigerweise haben diese Bestimmungen nie Anwendung erfahren, obwohl sie nach dem 21. April 1967 häufiger verletzt wurden.

[38] Vgl. etwa folgende Urteile: Areopag 14/1896, Themis 1896, Themis 1896—97, S. 179: „Es ist ein unbestrittener Grundsatz des Völkerrechts, dem ohne Zweifel Gesetzesgeltung (Rang) zukommt ..."; LG Athen 8890/1898, Themis 1898/99, S. 607; LG Piräus 287/1942; EEAN 1942, S. 375; LG Athen (Vorsitzender) 2626/1965, Armenopulos 1965, S. 779; vgl. aber OLG Athen 564/1945, Themis 1945, S. 398. Eine Reihe von Urteilen des Staatsrats räumen neuerdings ebenso den allgemeinen Regeln Gesetzesrang ein; vgl. Staatsrat 503/1969, N.B., 1969, S. 469; Staatsrat 1816/1969 (und ähnlich 1811—1815, 1817—1831/1969), N.B. 1969, S. 880.
Eine Ausnahme hierzu stellt die Entscheidung des OLG Thrazien 21/1947 (EEN 1947, S. 277 ff.) dar, welche annimmt, daß die allgemeinen Regeln in Griechenland kraft „verfassungsrechtlicher Gewohnheit" gelten (dazu vgl. gleich unten Fußn. 39). Im übrigen weist auch diese Entscheidung diesen Regeln Gesetzesrang zu (ebd., S. 279).

[39] Vgl. etwa *Maridakis*, Die deutsche Verfassung, fine; *ders.*, IPR, S. 56 f.; *Kyriakopoulos*, Verfassungsrecht A, S. 99 f.; *Svolos*, Verfassungsrecht, S. 173; *Constantopoulos*, Verbindlichkeit, S. 198; *Spyropulos*, Internationales öffentliches Recht, S. 21; *Eustathiades*, Internationales öffentliches Recht, S. 41 f.; *Tenekides*, Internationales öffentliches Recht, S. 183 f.; *Manessis*, Verfassungsrecht, S. 314 f. Die Meinung von *Marikadis* (Der griechische Richter, S. 228), nach der die vom Areopag aufgestellte Regel als „verfassungsrechtliches Gewohnheitsrecht" anzusehen sei, hat keine Zustimmung gefunden.

Nach der neuen Regelung ist die Möglichkeit eines Konfliktes zwischen allgemeinen Regeln und einfachen Gesetzen in Griechenland als entfernt anzusehen. Beide innerstaatlich geltenden Normen sind gleichrangig. Wollte man die Maxime lex posterior derogat legi priori für die Lösung eines entstehenden Konfliktes zwischen allgemeinen Regeln und Geestzen heranziehen, so würde sie sich wegen der Natur der allgemeinen Regeln als im Werden begriffene Normen grundsätzlich zu Lasten der Gesetze auswirken. Diese Konflikte, wo und wann sie auch entstehen, müssen in der Regel — ähnlich wie in Belgien — nicht nur nach formellen Gesichtspunkten gelöst werden. Zunächst darf auch für Griechenland die Vermutung gelten, der Gesetzgeber wolle das innerstaatliche Recht völkerrechtskonform gestalten. Darüber hinaus ist anzunehmen, daß die Rechtsanwendungsorgane die eventuell entstehenden Konflikte möglichst völkerrechtskonform lösen müssen. Nur dann also geben die allgemeinen Regeln den Normen des innerstaatlichen Rechts nach, wenn a) die letzteren Verfassungsrang genießen und b) der Wortlaut von Gesetzen im formellen Sinne ausdrücklich den allgemeinen Regeln widerspricht[40].

8. Faßt man die rechtstechnischen Methoden (C, III) ins Auge, so ist anzunehmen, daß die Vollzugsmethode und insbesondere ihre gemäßigte Form der Artikulierung der Grundsätze der völkerrechtskonformen Gestaltung des innerstaatlichen Rechts und der völkerrechtskonformen Auslegung der allgemeinen Regel des Völkerrechts im innerstaatlichen Bereich eher als die Transformationsmethode gerecht wird. Insofern ist Partsch[41] nicht zuzustimmen, wenn er meint, die Methoden seien hinsichtlich des Rangproblems nicht von Bedeutung.

9. Die dargelegte Rangeinstufung der allgemeinen Regeln in der Bundesrepublik Deutschland, Belgien und Griechenland führt zu der Annahme, daß diese auf *zweifache* Weise erfolgen kann: Erstens auf *formeller* und zweitens auf *materieller Ebene*.

Entscheidend zunächst ist die Rangeinstufung auf formeller Ebene. Diese richtet sich nach dem jeweils für die Regelung der innerstaatlichen Stellung der allgemeinen Regeln bestehenden rechtstechnischen Mittel (Vollzugsbefehl bzw. Transformationsakt). In der Bundesrepublik Deutschland genießen die allgemeinen Regeln einen Rang zwischen der Verfassung und dem einfachen Gesetz, in Belgien und grundsätzlich

---

Die Verweisung auf *Svolos* (ebd., Fußn. 15) ist außerdem ungerechtfertigt. Eine verfassungsrechtliche Natur dieser Gewohnheit wäre nur dann zu rechtfertigen, wenn es sich um eine Materie handelte, die verfassungsrechtlich geregelt werden sollte bzw. normalerweise geregelt wird.

[40] Anders aber grundsätzlich unter der Geltung der gewohnheitsrechtlichen Regelung.

[41] aaO., S. 22 f., 60.

in Griechenland Gesetzesrang. Sind die allgemeinen Regeln in die innerstaatliche Rechtsordnung mit Vorrang vor den Gesetzen eingeordnet
(BRD), so bedarf es weitgehend nicht der besonderen Heranziehung
derjenigen Grundsätze, welche die materielle Rangeinstufung bestimmen. Sie sind bereits Bestandteil der formellen Rangeinstufung.

Dagegen erweist sich die materielle neben der formellen Rangeinstufung als relevant, wenn die allgemeinen Regeln etwa den Gesetzen
gleichgestellt werden. Die Rechtspraxis in Belgien und Griechenland bestätigt, daß durch die Heranziehung und Praktizierung der Grundsätze
der völkerrechtskonformen Gestaltung des innerstaatlichen Rechts und
der völkerrechtskonformen Auslegung der allgemeinen Regeln im
innerstaatlichen Recht die formelle Rangeinstufung weitgehend modifiziert wird. Damit wird eine materielle Rangeinstufung erzielt, die
über die formelle hinausgeht.

Diese Feststellung weist darauf hin, daß, wenn den allgemeinen
Regeln etwa Gesetzesrang zugewiesen wird, die innerstaatliche Geltung und Anwendung für sie durch den Umweg über die Grundsätze
der völkerrechtskonformen Gestaltung und Auslegung ausreichend gesichert werden kann.

VII. Die Auslegung der allgemeinen Regeln
im innerstaatlichen Recht

1. Sind die allgemeinen Regeln des Völkerrechts als im innerstaatlichen Bereich geltendes Recht anzusehen, so bedürfen sie in der Regel
bei ihrer (innerstaatlichen) Anwendung einer Auslegung. Dabei handelt
es sich um die Auslegung dieser Regeln im innerstaatlichen Bereich.
Diese wird im folgenden zu erörtern sein.

Durch die Regelung der innerstaatlichen Geltung der allgemeinen
Regeln wird der Weg für ihre innerstaatliche Anwendung freigemacht.
Bekanntlich setzt normalerweise die Anwendung einer Norm ihre Auslegung bzw. Klärung ihres Inhaltes und ihrer Tragweite voraus.
Es taucht daher die Frage auf, welche (staatlichen) Organe für die Auslegung der allgemeinen Regeln im innerstaatlichen Bereich zuständig
sind und wie diese Auslegung erfolgt.

2. Da im Grunde genommen die innerstaatlichen Rechtsanwendungsorgane die Kompetenz haben, die im innerstaatlichen Recht geltenden
allgemeinen Regeln des Völkerrechts anzuwenden, ist anzunehmen, daß
ihnen ebenso die Auslegungszuständigkeit zugewiesen ist[1]. Indes ist

---

[1] So *Seidl-Hohenveldern*, Transformation, S. 98 f.; *Partsch*, Bericht, S. 80.
Die Frage, ob innerstaatliche Instanzen berechtigt sind, allgemeine Regeln
des VR innerstaatlich verbindlich auszulegen, wurde von den Mitgliedern

ein Verfahren denkbar, nach dem diese Auslegungskompetenz völkerrechtlichen Instanzen zuerkannt werden könnte. Ein solches Verfahren ließe sich folgendermaßen vorstellen: Haben die innerstaatlichen Rechtsanwendungsorgane im Hinblick auf eine vor ihnen anhängige Rechtssache, deren Beurteilung von der Anwendung allgemeiner Regeln abhängig ist, Zweifel über die Existenz, den Inhalt oder die Tragweite der maßgeblichen Regel bzw. Regeln, so müßten sie eine Entscheidung darüber von der jeweils vorgesehenen völkerrechtlichen Instanz einholen[2]. Die zu treffende Entscheidung müßte dann für die mit der Lösung der Rechtssache betrauten innerstaatlichen Rechtsanwendungsorgane verbindlich sein. Sie könnte sich dann aber nur auf die Auslegung — nicht auf die Anwendung selbst — der relevanten Regel bzw. Regeln beziehen.

Das Völkerrecht verlangt von den Staaten nicht, die Auslegung seiner allgemeinen Regeln zum Zwecke ihrer innerstaatlichen Anwendung von eigenen (völkerrechtlichen) Instanzen vornehmen zu lassen. Deswegen kann dem skizzierten Verfahren nur dann Relevanz zuerkannt werden, wenn es vom innerstaatlichen Recht selbst vorgeschrieben wird. Berücksichtigt man die innerstaatlichen Rechtsordnungen, so ist festzustellen, daß — soweit ersichtlich — ein ähnliches Verfahren für die allgemeinen Regeln in keinem Staat anzutreffen ist[3]. Daraus ergibt sich, daß die Auslegung der allgemeinen Regeln zum Zwecke ihrer innerstaatlichen Anwendung den jeweils zuständigen staatlichen Rechtsanwendungsorganen zugewiesen wird.

Im übrigen ist dieses Verfahren, nach dem völkerrechtliche Instanzen für die Auslegung der allgemeinen Regeln zum Zwecke ihrer innerstaatlichen Anwendung zuständig sein würden, gegenwärtig nicht zu befürworten. Von technischen und sonstigen Schwierigkeiten einmal abgesehen, würde seine Einführung in die innerstaatliche Rechtsordnung zur Verschleppung der Lösung derjenigen Rechtssachen führen, die von der Anwendung allgemeiner Regeln abhängig sind. Dies hätte möglicherweise statt der erzielten Förderung die de facto Abschwächung der innerstaatlichen Stellung dieser Regeln zur Folge.

3. Sind nun die innerstaatlichen Rechtsanwendungsorgane zuständig, die im innerstaatlichen Bereich anzuwendenden allgemeinen Regeln auszulegen, so taucht die Frage auf, welche Organe im einzelnen in Frage kommen. Hier sind *richterliche Organe, Verwaltungsorgane* und

---

der Kommission einmütig bejaht (*Partsch*, ebd.). In diesem Sinne auch *Mosler*, Application, S. 700, *Wengler*, VR I, S. 801 f.

[2] Man denke an das in der BRD von Art. 100, 2 GG vorgesehene Verfahren.

[3] Anders ist jedoch diese Frage hinsichtlich des VVR zu entscheiden. Man denke an die Zuständigkeiten des Europäischen Gerichtshofes in Luxemburg; vgl. dazu *Partsch*, aaO., S. 80.

die *Exekutive* (Regierung)[4] zu nennen. Da die Akte der Verwaltungsorgane in der Regel einer richterlichen Kontrolle unterliegen[5], können
diese Organe im folgenden außer Betracht bleiben[6].

Nachdem die Verwaltungsorgane für die weitere Untersuchung ausgeschaltet wurden, stellt sich die Frage, ob die Zuständigkeit zur Auslegung der allgemeinen Regeln im innerstaatlichen Bereich den Gerichten oder der Exekutive oder auch beiden, und gegebenenfalls in
welcher Kombination, zugewiesen ist. Da das Völkerrecht hierzu keine
Aussage trifft, sind die Staaten frei, darüber zu entscheiden[7]. Ein erster
rechtsvergleichender Überblick ergibt, daß dafür grundsätzlich die Gerichte zuständig sind[8]. Ist die Exekutive im Rahmen eines Verfahrens
mit für die Gerichte verbindlicher Auslegungskompetenz eingeschaltet,
so handelt es sich um eine Sonderzuständigkeit, die nicht vermutet
werden darf, sondern sorgfältig aus der jeweiligen Rechtsordnung ermittelt werden muß.

Da die Gerichte zuständig sind, die allgemeinen Regeln anzuwenden,
müßte es als selbstverständlich angesehen werden, daß sie auch für
deren Auslegung die Kompetenz haben. Jedoch begegnet man häufig
dem Gedanken, daß bei der innerstaatlichen Auslegung allgemeiner
Regeln auch die Exekutive eingeschaltet werden sollte[9]. Die Gründe,
die für eine solche Einschaltung sprechen, werden von *Wengler*[10] prä-
zise und vorbildlich angeführt. Durch die Einschaltung der Exekutive
sollte vermieden werden, daß Entscheidungen getroffen werden, die

---

[4] Zum Unterschied zwischen der Exekutive (Regierung) und der Verwal-
tung vgl. etwa *Hesse*, Verfassungsrecht, S. 196 ff.

[5] Anders etwa in Frankreich hinsichtlich der actes de gouvernement.
Dazu vgl. neuerdings *Fromont*, La protection juridictionelle, S. 234 ff., mit
weiteren Nachweisen. Das Institut der actes de gouvernement hat im übrigen
in zahlreichen Ländern Übernahme gefunden.

[6] Die Anwendungskompetenz der Verwaltungsorgane, die nicht ernsthaft
in Frage gestellt werden kann, setzt die Auslegungskompetenz voraus. Anwendung ohne eine, wenn auch elementare, Auslegung läßt sich nicht vorstellen. Ein ausgesprochen gutes Beispiel hierfür liefern die Anweisungen
des Innenministeriums der BRD vom 14. April 1970 betreffend „Diplomaten
und andere bevorrechtigte Personen" (GMBl. 1970, S. 218 ff.).

[7] So etwa *Seidl-Hohenveldern*, aaO., S. 101; *Partsch*, aaO., S. 80.

[8] So, jedoch mit Einschränkungen, *Seidl-Hohenveldern*, aaO., S. 99;
Wengler, VR I, S. 815 f.

[9] Dieser Gedanke bezieht sich vornehmlich auf die innerstaatliche Auslegung völkerrechtlicher Verträge. Einen rechtsvergleichenden Überblick
bietet *Mosler* (Application, S. 670 ff.). Ferner für Frankreich, wo dieses
Problem vom Standpunkt des geltenden Rechts aus von besonderer Bedeutung ist, vgl. *Pfloeschner Fred*, Les dispositions de la Constitution, S. 26 ff.;
Lardy, La force obligatoire, S. 146 ff.; und neuerdings *Waelbroeck*, Traités
internationaux, S. 204 ff. Ob sich nun diese Regelung auf die allgemeinen
Regeln übertragen läßt, bleibt noch zu prüfen.

[10] VR I, S. 816.

nicht im Einklang mit dem Völkerrecht stehen und daher möglicherweise die völkerrechtliche Verantwortung des betreffenden Staates zur
Folge haben. Darüber hinaus wäre die Exekutive eher als die Justiz
imstande, ähnliche Situationen zu erkennen und anschließend abzuwenden etc.[11]. Diese Argumentation weist jedoch nur relativen Wert
auf. Exekutive und Justiz sind Erscheinungen einer und derselben
Staatsgewalt. Geht man zutreffend davon aus, so ist nicht einzusehen,
weshalb die Exekutive und nicht die Justiz eher imstande ist, die völkerrechtliche Verantwortung des Staates — sollte sie in Frage kommen — zu erkennen und abzuwenden. Vielmehr scheint die Einschaltung der Exekutive[12] bei der Auslegung der allgemeinen Regeln des
Völkerrechts *in der Form eines Verfahrens mit für die Gerichte verbindlicher Wirkung*[13] nicht gerechtfertigt zu sein. Damit ist aber nicht
die *spontane* oder die in einem Verfahren mit *nicht* verbindlicher Wirkung vorkommende Einschaltung der Exekutive gemeint.

Die spontane und die in einem Verfahren mit nicht verbindlicher
Wirkung mögliche Einschaltung der Exekutive erweist sich für die
Praxis oft als notwendig. Nach der ersten soll es dem Ermessen der
Gerichte überlassen sein, ein sich auf die Auslegung der für die Beurteilung einer bestimmten Rechtssache relevanten allgemeinen Regel
beziehendes Gutachten oder eine Stellungnahme über völkerrechtsrelevante Tatbestände, die unter eine allgemeine Regel subsumiert
werden müssen, von der Exekutive einzuholen[14]. Dieses Gutachten bzw.
diese Stellungnahme ist für die Gerichte nicht als verbindlich anzusehen. Der Sinn einer solchen spontanen Einschaltung ist darin zu
sehen, daß die Exekutive den Gerichten bei der Beurteilung völkerrechtsrelevanter Fälle beisteht. Daß dabei die Meinung der Exekutive
häufig das jeweils zuständige Gericht entscheidend beeinflußt, braucht
kaum hervorgehoben zu werden.

In einem Verfahren mit für die Gerichte nicht verbindlicher Wirkung soll demgegenüber der Exekutive die Gelegenheit zur Äußerung
hinsichtlich der Auslegung allgemeiner Regeln (oder der Feststellung
völkerrechtsrelevanter Tatbestände) gegeben oder das Recht zuerkannt

---

[11] Vgl. auch *Seidl-Hohenveldern*, aaO., S. 99.

[12] Damit ist grundsätzlich das Auswärtige Amt und das Justizministerium
angesprochen.

[13] Man denke an das in Frankreich für vertragliche Normen vorgesehene
Verfahren.

[14] Den Unterschied zwischen Äußerungen der Exekutive zur Auslegung
einer Regel und zur Feststellung völkerrechtsrelevanter Tatbestände, welche
in einem Rechtsstreit innerhalb einer innerstaatlichen Rechtsordnung von
Bedeutung sein können, hebt zutreffend *Wengler* (VR I, S. 815) hervor.
Solche Tatbestände sind etwa bei Anerkennung von neuen Staaten denkbar.

werden, dem vor einem Gericht anhängigen Verfahren beizutreten[15]. In beiden Fällen wäre die Äußerung der Exekutive in bezug auf die Auslegung allgemeiner Regeln seitens des jeweils zuständigen Gerichts nicht verbindlich.

Die Befürwortung einer dieser beiden skizzierten Möglichkeiten läßt sich mit dem schwerwiegenden Argument begründen, daß die Gerichte und nicht die Exekutive zur Lösung eines von der Anwendung allgemeiner Regeln abhängigen Rechtsstreits betraut sind. Die Einschaltung der Exekutive mit verbindlicher Wirkung ließe sich außerdem schwerlich mit dem in den hier berücksichtigten innerstaatlichen Rechtsordnungen geltenden Prinzip der Gewaltenteilung vereinbaren[16].

Das innerstaatliche Recht weist also die Zuständigkeit der Auslegung von allgemeinen Regeln zum Zwecke der innerstaatlichen Anwendung den richterlichen Organen zu. Das Einholen eines Gutachtens seitens der Exekutive kann sich in unterschiedlicher Art und Weise vollziehen, hat aber für die Gerichte in der Regel nicht verbindlichen Charakter. Im Schrifttum wurde behauptet[17], es fehle nicht an Ausnahmen[18]. Man beruft sich dabei vor allem auf Frankreich[19], wo bekanntlich die Gerichte in bestimmten Fällen Auskünfte der Exekutive mit verbindlicher Wirkung für die Auslegung von völkerrechtlichen Verträgen einzuholen haben[20]. Fraglich ist aber, ob sich diese Regelung in Frankreich auch auf die Auslegung allgemeiner Regeln übertragen läßt. Beispiele sind

---

[15] Man denke an das von Art. 83 II des BVerfGG vorgesehene Verfahren. Nach ihm haben allerdings nicht nur die Exekutive (Bundesregierung), sondern auch der Bundestag und der Bundesrat das Recht, dem Verfahren beizutreten.

[16] Sie ließe sich als Ausnahme vertreten. Dann müßte sie aber speziell begründet sein. Zum Prinzip der Gewaltenteilung für die in Betracht kommenden Rechtsordnungen vgl. etwa *Hesse*, aaO., S. 178 ff. (BRD); *Wigny*, Droit Constitutionnel, Bd. I, insbesondere S. 242 ff. (Belgien); *Manessis*, Verfassungsrecht, S. 339 ff. (Griechenland).

[17] Vgl. etwa *Seidl-Hohenveldern*, aaO., S. 99; *Partsch*, aaO., S. 80.

[18] Das Problem wurde bis jetzt nicht ausführlich behandelt. *Wengler* (VR I, S. 818, Fußn. 6) führt lediglich aus: „Denkbar wäre auch eine Bindung der Gerichte an Äußerungen der Regierung über den Bestand des Völkergewohnheitsrechts." *Ders.* führt ein Beispiel an, das mittelbar die hier vertretene These unterstützt. Das amerikanische Kriegsministerium betonte, daß seine Dienstanweisungen über den Landkrieg für die Gerichte nicht bindend seien (ebd., S. 818, Fußn. 6). Im übrigen weist *Partsch* (aaO., S. 80) zutreffend darauf hin, daß dieses Problem praktische Bedeutung vor allem für die Auslegung von Verträgen hat.

[19] Vgl. *Seidl-Hohenveldern*, aaO., S. 99. Die Zitate 82, 83 (ebd.) sind nicht richtig. *Pfloeschner* bezieht sich ausschließlich auf Verträge (aaO., S. 26 ff.). Bei der Behandlung der allgemeinen Regeln (ebd., S. 169 ff.) berührt er das Problem nicht.

[20] Dazu vgl. *Mosler*, Application, S. 670 ff.; *Lardy*, aaO., S. 146 ff.; *Waelbroeck*, aaO., S. 204 ff.

— soweit ersichtlich — nicht vorhanden. Da es sich um eine Sonderzuständigkeit handelt, ist dies abzulehnen[21, 22].

4. In der Bundesrepublik Deutschland, in Griechenland und Belgien wird den Gerichten die Zuständigkeit zugewiesen, die innerstaatlich geltenden allgemeinen Regeln des Völkerrechts auszulegen. Ehe auf die dort im einzelnen geltenden Regelungen eingegangen wird, sind die Schwierigkeiten kurz zu erörtern, vor denen die Gerichte bei der Auslegung allgemeiner Regeln stehen.

Die Rechtserfahrung bestätigt, daß eine Reihe von allgemeinen Regeln im innerstaatlichen Bereich häufig ausgelegt und anschließend angewandt werden. Diese Regeln sind relativ leicht zu klassifizieren[23] und lassen sich ohne größere Schwierigkeiten auslegen. Die hierzu vorliegende Rechtsprechung und das Schrifttum haben — oft unter Berufung oder Bezugnahme auf die völkerrechtliche Literatur, Praxis und Judikatur — weitgehend Klarheit über den Inhalt dieser Regeln geschaffen. Dazu trägt wesentlich die Kodifizierung bestimmter allgemeiner Regeln bei[24].

Problematisch wird die Auslegung dagegen erst dann, wenn vor den Gerichten die Existenz einer neuen oder aber einer schon bekannten Regel (ausgelegten und angewandten) mit neuem Inhalt und neuer Tragweite geltend gemacht wird. In einem solchen Fall kann die Feststellung des Inhaltes und der Tragweite der allgemeinen Regeln von ihrer Auslegung nicht leicht differenziert werden. Da man sich auf eine Rechtsnorm und nicht auf Tatbestände beruft[25], ist anzunehmen, daß vom Grundsatz jura novit curia ausgegangen werden muß. Dies bedeutet, daß das zuständige Gericht die Existenz, den Inhalt und die

---

[21] Bei den zitierten Arbeiten von *Pfloeschner, Lardy* und *Waelbroeck* — die letztere bezieht sich nur auf Verträge — wird die Frage nicht angeschnitten.

[22] Die Zuständigkeit der Exekutive, völkerrechtsrelevante Tatbestände festzustellen, mag hier dahingestellt bleiben. Dazu vgl. etwa *Mosler,* aaO., S. 672 ff.; *Seidl-Hohenveldern,* aaO., S. 99.

[23] Man denke etwa an die sich auf die occupatio bellica oder die Exterritorialität der Staaten und ihrer diplomatischen Vertreter beziehenden allgemeinen Regeln.

[24] So berufen sich die Gerichte oft auf Vertragsbestimmungen, die allgemeine Regeln kodifizieren (C, V). Die aus der Haager Landkriegsordnung zu entnehmenden Beispiele sind zahlreich. Vgl. etwa in Griechenland Areopag 255/1944, RHellDI 1949, S. 66 f.; Areopag 140/1955, EEN 1955, S. 546 f. (und die zutreffende Kommentierung von *Tenekides,* G., ebd., S. 547 f.); ausführlicher OLG Thrazien 21/1947, EEN 1947, S. 277 ff.; ebenso OLG Thrazien 18/1949, Themis 1949, S. 215 ff.; in Belgien Cour de Cassation, 4 juillet 1949, Pas. I 1949, S. 514 ff.; das., 27 novembre 1950, Pas. I 1951, S. 180 ff. Dasselbe gilt auch für gewisse Bestimmungen der Wiener Konvention über Diplomatische Beziehungen vom 18. April 1961.

[25] Vgl. aber gleich unten die Lösung des belgischen Rechts zu dieser Frage.

Tragweite der relevanten allgemeinen Regel grundsätzlich selbständig festzustellen hat. Die Schwierigkeiten dabei liegen allerdings offen zutage. Es kommt nicht selten vor, daß etwa ein Amtsgericht oder ein Landgericht einer fernliegenden Provinzstadt unter solchen Bedingungen allgemeine Regeln auslegen und anschließend anwenden müssen. Ihre Richter verfügen in der Regel über wenig Erfahrung auf diesem Gebiet. Die zu ihrer Verfügung stehenden Mittel sind gering. Es fragt sich daher, ob ihnen diese schwierige Aufgabe anvertraut werden kann, oder ob ihnen die Gelegenheit gegeben werden muß, eine Entscheidung darüber von einer höheren Instanz einzuholen. Der zweiten Möglichkeit ist der Vorzug einzuräumen.

5. In Griechenland haben sämtliche Gerichte die Kompetenz der Auslegung von allgemeinen Regeln des Völkerrechts. Über deren Existenz, Inhalt und Tragweite entscheiden sie frei[26]. Die Einschaltung der Exekutive hierfür ist in einem Verfahren nicht vorgesehen, erfolgt aber in der Praxis nicht selten spontan[27]. Die geltende Regelung erweist sich für die von griechischen Gerichten häufig ausgelegten und angewandten allgemeinen Regeln[28] grundsätzlich als unproblematisch. Anders ist aber die Rechtslage für diejenigen allgemeinen Regeln zu entscheiden, deren Existenz, Inhalt und Tragweite den unteren Gerichten wenig bekannt oder unbekannt sind. Dann müssen sie selbst die betreffende Regel ermitteln und feststellen. Es liegt auf der Hand, daß die unteren Gerichte eher als die oberen zu einer irrtümlichen Auslegung und daher unter Umständen Anwendung allgemeiner Regeln gelangen können[29]. Die Möglichkeit, eine Entscheidung über die Auslegung von allgemeinen Regeln eines oberen oder des obersten Gerichts (Areopag) einzuholen, wird den unteren Gerichten nicht eingeräumt. Die aus diesem Grunde möglicherweise entstehende irrtümliche Auslegung einer allgemeinen Regel unterliegt jedoch der Revision[30]. Zur Einlegung der

---

[26] Dies ergibt sich eindeutig aus der Stellung der Richter im griechischen Rechtssystem. Dazu vgl. vor allem *Fragistas*, Die richterliche Unabhängigkeit, S. 14 ff. Der einzige, der sich im Schrifttum unmittelbar auf die Auslegung bezieht, ist *Maridakis* (Der griechische Richter, S. 229): „Da die Regel eo ipso Gesetzeskraft hat, gilt auch für sie die Maxime ‚jura novit curia'. Der griechische Richter ist also ex officio angehalten festzustellen, ob es eine solche Regel gibt, und sie gegebenenfalls anzuwenden."

[27] Der gewöhnliche Weg dafür ist, daß die Gerichte vermittels der Staatsanwaltschaften Auskünfte der Exekutive — vor allem des Außenministeriums — einholen. Diese Auskünfte sind aber für die Gerichte nicht verbindlich.

[28] Vornehmlich die sich auf die occupatio bellica und die Exterritorialität der Staaten und ihrer diplomatischen Vertreter beziehenden allgemeinen Regeln.

[29] Ein ausgesprochen gutes Beispiel liefern die Urteile des LG und anschließend des OLG Athen. Das letztere wurde durch die berühmte Entscheidung 14/1896 des Areopags aufgehoben. Dazu vgl. gleich unten Fußn. 32.

[30] So auch *Maridakis*, aaO., S. 229.

Revision sind sowohl die Prozeßparteien[31] als auch der Staatsanwalt bei dem Areopag „im Interesse des Gesetzes"[32] berechtigt. Vergleicht man die Lösung des griechischen Rechts zu diesem Problem mit jener des deutschen Rechts, so ist festzustellen, daß sich die in der Bundesrepublik Deutschland geltende Regelung zweifelsohne als überlegen erweist.

6. In Belgien sind ebenfalls die Gerichte zuständig, die allgemeinen Regeln auszulegen. Die Exekutive wird im Rahmen eines formellen Verfahrens nicht eingeschaltet. Insofern ist die Rechtslage eindeutig[33]. Auf ein Kuriosum ist indes besonders hinzuweisen. Da in Belgien die allgemeinen Regeln hinsichtlich der Kassation als questions de fait angesehen werden, kann eine die allgemeinen Regeln irrtümlich auslegende Entscheidung der cours et tribunaux aus diesem Grunde nicht aufgehoben werden. Grundlage dieser durch die Rechtsprechung festgelegten Auffassung[34] stellt der Art. 17 des Gesetzes vom 4. August 1832 dar. Diese Bestimmung läßt die Kassation nur für arrêts et jugements zu, die einem Gesetz (à la loi) widersprechen. Diesen Passus hat die Rechtsprechung des Kassationshofes restriktiv interpretiert, indem sie unter loi nur Vorschriften des geschriebenen Rechts versteht. Somit wird die Kontrolle durch den Kassationshof für eine irrtümliche Auslegung[35] von allgemeinen Regeln seitens des cours et tribunaux zunächst als ausgeschlossen angesehen[36].

Die diesbezügliche Praxis des Kassationshofes wurde vom belgischen Schrifttum einstimmig scharf kritisiert[37]. Merkwürdig ist einerseits, daß der Kassationshof noch auf einer so pedantischen Auffassung besteht, und andererseits, daß der Gesetzgeber nicht korrigierend interveniert hat[38].

---

[31] Art. 556 GrZPB.

[32] Art. 557 GrZPB. Dies war der Fall im Areopag-Urteil 14/1896. Gemäß Art. 815 der damals geltenden griechischen ZPB beantragte der Staatsanwalt bei dem Areopag, D. Tziwanopulos, von Amts wegen die Aufhebung des Urteils des OLG Athen 451/1895 (Themis 1895—96, S. 476). Dazu vgl. *Tenekides*, G., Geltung, S. 41 ff.; *Maridakis*, aaO., S. 227.

[33] Vgl. vor allem *Masters*, International Law in national courts, S. 223; *Salmon-Suy*, La primauté, S. 78: „En ce qui concerne l'interprétation, ..., les cours et tribunaux possèdent à son égard un très large pouvoir d'appréciation aussi bien quant à son existence que quant à son contenu."

[34] Die Rechtsprechung dazu zusammengestellt vgl. bei *Salmon*, Le rôle.

[35] Eine irrtümliche Auslegung führt zumindest in der Begründung, nicht unbedingt im Ergebnis, zu einer irrtümlichen Anwendung.

[36] Dazu vgl. *von Kyaw*, Gewährleistung, S. 182 f.; *Rigaux*, Les problèmes, S. 207 f.; *Salmon-Suy*, aaO., S. 78 f., und neuerdings *Salmon*, Le rôle, mit weiteren ausführlichen Nachweisen.

[37] Vgl. etwa *Rigaux*, aaO., S. 207 f.; *Salmon-Suy*, aaO., S. 78 f.; *Salmon*, Le rôle.

[38] Der Gesetzgeber besteht in Art. 608 du Code judiciaire (loi du 10 octobre 1967) auf dieser Lösung. Vgl. dazu *Salmon*, Le rôle.

Eine Wandlung der Rechtsprechung hierzu kann allerdings relativ einfach ohne jegliche Einmischung des Gesetzgebers erfolgen. Bekanntlich werden noch in vielen Staaten die kraft IPR-Normen (Kollisionsnormen) im nationalen Recht anzuwendenden Normen des ausländischen Rechts als questions de fait angesehen. In Belgien wird diese Auffassung hinsichtlich der Kassation auch auf die allgemeinen Regeln ausgedehnt. In Griechenland dagegen, wo bis zum Inkrafttreten des neuen GrZPB ebenso die Normen des ausländischen Rechts als questions de fait betrachtet wurden, hat man die rechtliche Qualität der allgemeinen Regeln im innerstaatlichen Bereich nie in Frage gestellt. Dort hat man deutlich zwischen Normen des ausländischen Rechts und allgemeinen Regeln des VR unterschieden[39]. Hätte sich der belgische Kassationshof diese durchaus richtige Auffassung zu eigen gemacht, so wäre das Problem ohne jegliche Einmischung des belgischen Gesetzgebers gelöst worden. Eine so verstandene korrigierende Auslegung des Art. 17 des Gesetzes vom 4. August 1832 hätte ausgereicht.

Sollte der vorgeschlagene Art. 107bis in die Verfassung übernommen werden, so wäre die Kassation für eine irrtümliche Auslegung von allgemeinen Regeln als zulässig anzusehen. Zwar ergibt sich dies nicht unmittelbar aus dem Wortlaut des Art. 107bis (Les cours et tribunaux n'appliqueront ...), entspricht aber der Absicht seiner Initiatoren[40]. Dafür spricht außerdem das folgende schwerwiegende Argument: Durch diese Bestimmung soll den allgemeinen Regeln Übergesetzesrang eingeräumt werden. Es ist deshalb anzunehmen, daß dem Kassationshof die Kontrolle der richtigen Auslegung dieser Regeln anvertraut werden soll.

7. Ähnlich wie in Griechenland und Belgien sind nach deutschem Recht sämtliche Gerichte zunächst zuständig, allgemeine Regeln des Völkerrechts auszulegen und anschließend anzuwenden[41]. Der Exekutive wird keine Kompetenz eingeräumt, die allgemeinen Regeln verbindlich für die Gerichte zu interpretieren[42]. Eine Sonderzuständigkeit

---

[39] Nach dem neuen GrZPB werden auch die Normen des ausländischen Rechts als Rechtsnormen angesehen.

[40] Vgl. *Salmon-Suy,* aaO., S. 90 (commentaire) und insbesondere S. 78 f.; *de Visscher,* Rapport de synthèse, S. 121.

[41] Vgl. etwa *Mosler,* Praxis, S. 45 f.; *Stern,* Kommentierung des Art. 100 GG, Bonner Kommentar, Rdnr. 206.

[42] Vgl. *Mosler,* aaO., S. 45 f.; *Tomuschat,* Deutsche Rechtsprechung in völkerrechtlichen Fragen, S. 77 f. Die Gerichte können allerdings, wenn sie dies für erforderlich halten, Rechtsauskünfte von der Exekutive einholen. Dazu vgl. *Mosler,* ebd.; *Stern,* aaO., Rdnr. 240. So auch BVerfGE, Bd. 23, S. 318: „Im Hinblick auf die Eingliederung der Bundesrepublik in die Völkergemeinschaft ist es nicht minder wichtig, daß die an der Pflege der auswärtigen Beziehungen beteiligten Verfassungsorgane die Möglichkeit haben, ihre Auffassung darzulegen, damit die Gerichte die bestehenden allgemeinen Regeln des Völkerrechts nicht verkennen." Im übrigen kann

wird nur dem Bundesverfassungsgericht gegenüber sämtlichen deutschen Gerichten zugewiesen. Es handelt sich um das in Art. 100 II GG vorgesehene Verfahren. Wie Stern[43] zutreffend hervorhebt, ist die Verfahrensregelung des Art. 100 II GG „eine prozessuale Konnexbestimmung" des Art. 25 GG[44].

Art. 100 II GG lautet: „Ist in einem Rechtsstreite zweifelhaft, ob eine Regel des Völkerrechts Bestandteil des Bundesrechts ist und ob sie unmittelbar Rechte und Pflichten für den Einzelnen erzeugt (Artikel 25), so hat das Gericht die Entscheidung des Bundesverfassungsgerichts einzuholen." Auf die Probleme, die diese Bestimmung (und entsprechend Art. 83 I BVerfGG) aufwirft, wird hier nur kurz eingegangen[45]. Art. 100 II GG begründet *kein Auslegungsmonopol* zugunsten des Bundesverfassungsgerichts. Vielmehr sind grundsätzlich sämtliche Gerichte zuständig, die allgemeinen Regeln auszulegen. Ihre Anwendung bleibt ebenso sämtlichen Gerichten vorbehalten[46]. Sinn und Zweck des Verfahrens nach Art. 100 II GG ist wie folgt zu verstehen: Hat ein Gericht bei der Beurteilung eines von der Auslegung und der anschließenden Anwendung von allgemeinen Regeln abhängigen Rechtsstreits Zweifel an der Existenz, dem Inhalt oder der Tragweite der relevanten Regel, so ist es berechtigt und darüber hinaus verpflichtet, eine Entscheidung des Bundesverfassungsgerichts darüber einzuholen[47].

Die Vorlage ist nur dann geboten, wenn trotz des Bemühens des erkennenden Gerichts, d. h. trotz der Heranziehung aller ihm zur Verfügung stehenden Mittel und der Berücksichtigung der von den Prozeßbeteiligten angebotenen Mittel (z. B. Gutachten), die Zweifel nicht aus-

---

die Bundesregierung, der Bundestag und der Bundesrat dem von Art. 100 II GG vorgesehenen Verfahren gemäß Art. 83 Abs. 2 des BVerfGG beitreten.

[43] aaO., Rdnr. 209.

[44] Vgl. noch Art. 83 I BVerfGG.

[45] Vgl. dazu vor allem und statt vieler die umfangreiche Behandlung der relevanten Probleme von *Stern*, aaO., Rdnr. 204—261, mit ausführlichen Hinweisen.

[46] So zutreffend *Mosler*, Praxis, S. 46 und neuerdings *Schefold*, Zweifel des erkennenden Gerichts, S. 58. Die Bezeichnung „Entscheidungsmonopol" (so etwa *Partsch*, aaO., S. 80; *Stern*, aaO., Rdnr. 206) sollte vermieden werden. Das BVerfG wendet, im Rahmen des Verfahrens gemäß Art. 100 Abs. 2 GG, nicht allgemeine Regeln an. Dies bleibt ausschließlich den vorlegenden Gerichten vorbehalten. Andererseits entscheidet das BVerfG über die Auslegung solcher Regeln grundsätzlich, wenn eine Vorlage durch das erkennende Gericht nach Art. 100 II GG stattfindet. In diesem Sinne ausdrücklich BVerfGE, Bd. 23, S. 316: „Nur die Auslegung, nach der bereits ernstzunehmende Zweifel hinsichtlich des Bestehens und der Tragweite der allgemeinen Völkerrechtsregeln die Vorlagenpflicht auslösen, wird Sinn und Zweck des Art. 100 Abs. 2 GG gerecht."

[47] Daß die Gerichte dazu nicht nur berechtigt, sondern vielmehr verpflichtet sind, ergibt sich eindeutig aus dem Wortlaut: „. . ., so hat das Gericht die Entscheidung des Bundesverfassungsgerichts einzuholen."

geräumt werden konnten[48]. Möglicherweise bestehende Bedenken hinsichtlich der Existenz, des Inhalts und der Tragweite reichen nicht aus, um eine Vorlage zu begründen[49]. Umstritten ist ferner, ob die von den Prozeßbeteiligten vorgetragenen ernsthaften Zweifel als ausreichend anzusehen sind, um die Vorlagepflicht nach Art. 100 II GG für das erkennende Gericht auszulösen[50]. Mit diesem Problem hat sich neuerdings ausführlich das Bundesverfassungsgericht befaßt. Es ist zu dem folgenden Ergebnis gelangt: „Eine Auslegung des Art. 100 Abs. 2 GG, nach der bei objektiv zweifelhaften allgemeinen Regeln des Völkerrechts die Vorlagepflicht von der subjektiven Meinung des erkennenden Gerichts abhängig wäre, würde diesem Zweck des Art. 100 Abs. 2 GG nicht gerecht werden[51]." Diese Stellungnahme, die eher eine Kompromißlösung darstellt, ist in ihrem Kerngedanken richtig, weil das Bundesverfassungsgericht von einer objektivierenden Auslegung des Art. 100 II GG ausgeht. Die Vorlage soll gemäß dem Wortlaut dieser Bestimmung durch einen Beschluß des erkennenden Gerichts erfolgen. Dabei hat es aber die von den Parteien vorgetragenen ernstzunehmenden Zweifel zu überprüfen und, wenn diese sich als „objektiv" erweisen, zu eigen zu machen. Irgendwelche voluntaristische Elemente seitens des erkennenden Gerichts müssen ausgeschaltet werden[52].

Darüber hinaus müssen die auftretenden Zweifel relevant und entscheidungserheblich sein[53]. Das erkennende Gericht hat in seinem Vorlagebeschluß diese Zweifel im einzelnen zu begründen[54]. Die Zweifel

---

[48] *Mosler* (Praxis, S. 45) nennt etwa als Mittel, die von dem erkennenden Gericht verwendet werden können, Literatur, Dokumentation, internationale und nationale Rechtsprechung, Hilfe von Gutachtern und Rechtsauskünfte einer sachverständigen deutschen Behörde (z. B. Auswärtiges Amt, Bundesjustizministerium). Vgl. dazu noch *Stern*, aaO., Rdnr. 240.

[49] Siehe *Stern*, aaO., Rdnr. 239, der zutreffend ausführt: „Zweifel sind weniger als Überzeugung, aber mehr als Bedenken." In der Praxis sind allerdings die Grenzen zwischen Bedenken und Zweifel nicht leicht erkennbar. Vgl. noch *Schefold*, aaO., S. 52 ff. So auch BVerfGE, Bd. 23, S. 316 ff.

[50] Den Nachweis über diese Meinungsverschiedenheit vgl. bei BVerfGE, Bd. 23, S. 315 f.

[51] BVerfGE, Bd. 23, S. 317. Es handelt sich um den Beschluß des Zweiten Senats vom 14. Mai 1968 (ebd., S. 288 ff.).

[52] Zu der Rechtsprechung in der Zeit vor diesem Urteil vgl. *Tomuschat*, aaO., S. 61 f., der zutreffend ausführt (ebd., S. 61): „Grundsätzlich wird man stets davon auszugehen haben, daß die in einer Gesetzesvorschrift verwendeten Tatbestandsmerkmale nach objektiven Gesichtspunkten festzustellen sind ..." Zu dem Beschluß vom 14. Mai 1968 des BVerfG vgl. *Bleckmann*, Deutsche Rechtsprechung in völkerrechtlichen Fragen (1966—68), S. 278.

[53] *Stern*, aaO., Rdnr. 242. So auch eindeutig die Rechtsprechung des BVerfG (BVerfGE, Bd. 15, S. 30; Bd. 18, S. 448).

[54] So *Stern*, aaO., Rdnr. 258. Aus der Rechtsprechung des BVerfG vgl. vor allem BVerfGE Bd. 15, S. 30: „Die Begründung einer Vorlage nach Art. 100 Abs. 2 muß angeben, inwiefern die Entscheidung des vorlegenden

können sich entweder auf die Existenz oder den Inhalt oder auch die Tragweite einer allgemeinen Regel beziehen[55]. Darüber entscheidet das Bundesverfassungsgericht „allgemeinverbindlich und mit Gesetzeskraft"[56]. Dieses Verfahren stellt darauf ab, eine einheitliche Rechtsprechung über die allgemeinen Regeln des Völkerrechts zu gewähren[57].

Mosler[58] hat Bedenken geäußert, ob mit der Einführung des Art. 100 II GG ein wesentlicher Fortschritt erzielt sei. Die Bedenken Moslers sind insofern nicht gerechtfertigt, als durch Art. 100 II GG rechtstechnisch sicherlich ein Fortschritt eingeleitet wurde. Darauf, daß die Förderung der Stellung der allgemeinen Regeln nicht nur auf rechtstechnischer Ebene erfolgen kann, wurde schon hingewiesen. Ein Vergleich des von Art. 100 II GG vorgesehenen Verfahrens zu den in Belgien und Griechenland geltenden Regelungen beweist eindeutig die Überlegenheit der deutschen Regelung.

8. Nachdem die Frage erörtert wurde, welchen Organen im innerstaatlichen Bereich die Zuständigkeit zur Auslegung der allgemeinen Regeln des Völkerrechts zukommt, bleibt zu prüfen, wie diese Auslegung erfolgt. Hierbei spielen die rechtstechnischen Methoden eine wichtige Rolle[59].

Wenn zutreffenderweise davon ausgegangen wird, daß bei der innerstaatlichen Geltung und infolgedessen Anwendung und Auslegung der allgemeinen Regeln der Systemzusammenhang mit dem Völkerrecht möglichst bewahrt werden muß, so ist anzunehmen, daß grundsätzlich die Transformationsmethode diesem Erfordernis im Hinblick auf die Auslegung nicht gerecht werden kann. Der Vorzug ist hierfür der Vollzugsmethode und insbesondere ihrer gemäßigten Form einzuräumen[60].

Die Rechtspraxis in den drei Ländern steht grundsätzlich in Übereinstimmung mit dieser Annahme. Dies ergibt sich eindeutig einerseits

---

Gerichts davon abhängig ist, ob eine Regel des Völkerrechts Bestandteil des Bundesrechts ist. Es genügt, wenn sich dies dem Zusammenhang der Ausführungen im Vorlagebeschluß entnehmen läßt."

[55] Vgl. etwa *Mosler*, Praxis, S. 45; *Stern*, aaO., Rdnr. 245—254. Aus der Rechtsprechung BVerfGE, Bd. 15, S. 25 ff.; Bd. 16, S. 32; Bd. 23, S. 315 ff.

[56] So nach BVerfGE, Bd. 23, S. 317. Zu diesem Fragenkomplex vgl. vor allem neuerdings *Wenig*, Feststellung, insbesondere S. 51 ff.

[57] Vgl. etwa BVerfGE, Bd. 15, S. 31, 33.

[58] Praxis, S. 47.

[59] Zu den Methoden ausführlich oben C, III.

[60] Auf die Bedeutung der Methoden hinsichtlich der Auslegung der allgemeinen Regeln im innerstaatlichen Bereich wird im Schrifttum nicht oder nur am Rande eingegangen. Vgl. etwa *Seidl-Hohenveldern*, aaO., S. 98 ff.; *Partsch*, aaO., S. 80 ff.; *Kimminich*, Das VR in der Rechtsprechung, S. 495 ff. Zu dem Gesamten vgl. ausführlich oben C, III—IV.

aus der Bestrebung der Gerichte, bei der Auslegung der allgemeinen Regeln ihren Systemzusammenhang mit dem Völkerrecht möglichst zu bewahren, und andererseits aus den Erkenntnismitteln, die dabei die Gerichte heranziehen.

Die Bewahrung des Systemzusammenhangs bedeutet die Beachtung der Eigentümlichkeiten des Völkerrechts. Dies kann aber nicht absolute Geltung beanspruchen, weil — wie dargelegt — innerstaatlich die allgemeinen Regeln fast immer im Zusammenhang mit Normen des innerstaatlichen Rechts angewandt werden[61].

Die Auslegung setzt die Heranziehung gewisser Erkenntnismittel voraus. Dabei können die Gerichte auf die Staatenpraxis, die völkerrechtliche und innerstaatliche Rechtsprechung und das Schrifttum zurückgreifen[62]. Sind die allgemeinen Regeln Bestandteil eines kodifikatorischen Vertrages, so kann er auch in Betracht gezogen werden.

9. Die Zuständigkeit der Auslegung von innerstaatlich geltenden allgemeinen Regeln des Völkerrechts kommt den innerstaatlichen Organen zu. Hierbei wird im allgemeinen diese Kompetenz den Gerichten zugewiesen. Bei der innerstaatlichen Auslegung ist der Zusammenhang dieser Regeln mit dem Völkerrecht möglichst zu bewahren. Deshalb ist der gemäßigten Vollzugsmethode der Vorzug einzuräumen.

---

[61] Dazu oben C, III.

[62] Beispielhaft in dieser Beziehung ist der Beschluß des BVerfG vom 30. April 1963 (E, Bd. 16, S. 27 ff.).

D. Zusammenfassung

Zwischen Völkerrecht und innerstaatlichem Recht besteht ein *enger Zusammenhang* und eine *evidente Wechselwirkung*. Je intensiver sich der Verkehr zwischen den Staaten entfaltet, desto dynamischer treten der Zusammenhang und die Wechselwirkung zwischen Völkerrecht und innerstaatlichem Recht in Erscheinung.

Das Völkerrecht verlangt vom innerstaatlichen Recht lediglich, daß es die völkerrechtlichen Normen und insbesondere die allgemeinen Regeln in seinem Geltungsbereich beachtet. Den Staaten bleibt überlassen, auf welche Art und Weise sie dies verwirklichen. Dabei ist der Inhalt und der Zweck der allgemeinen Regeln des Völkerrechts zu berücksichtigen. Die Übertragung des Begriffes „self-executing" auf die allgemeinen Regeln muß abgelehnt werden. Als Kriterium zur Unterscheidung dieser Regeln hinsichtlich ihrer innerstaatlichen Stellung kann nur *ihr Inhalt und ihr Zweck anhand der (innerstaatlich) intendierten Rechtswirkungen* dienen. Dieses Kriterium führt zur folgenden Einteilung: Einerseits gibt es allgemeine Regeln des Völkerrechts, die unmittelbar im innerstaatlichen Bereich Rechtswirkungen anstreben; dazu gehören individualgerichtete und nicht individualgerichtete Regeln. All diese sind für das innerstaatliche Recht durchaus relevant. Andererseits gibt es allgemeine Regeln, die nur mittelbar innerstaatliche Rechtswirkungen intendieren. Für das innerstaatliche Recht sind sie von sekundärer Bedeutung.

Zur Regelung der Stellung der allgemeinen Regeln des Völkerrechts im innerstaatlichen Bereich verwenden die Staaten ein *Instrumentarium*. Dieses besteht aus rechtstechnischen Mitteln und aus rechtstechnischen Methoden, die zur Artikulierung und Aktualisierung der Mittel angewandt werden. Das Verhältnis, in dem diese zueinander stehen, ergibt jeweils die Stellung der allgemeinen Regeln im innerstaatlichen Rechtsraum.

Unter dem Begriff „*rechtstechnische Mittel*" werden rechtliche Normen verstanden, deren Zweck und Funktion es ist, die Stellung der allgemeinen Regeln des Völkerrechts im Rahmen des innerstaatlichen Rechts vorzuschreiben. Die rechtstechnischen Mittel sind in Normen des geschriebenen oder des ungeschriebenen Rechts enthalten. Zu den ersteren gehören Verfassungsbestimmungen und gesetzgeberische Bestimmungen mit Gesetzes- oder Untergesetzesrang; den zweiten sind gewohnheitsrechtliche Normen und die Rechtsprechung zuzurechnen. Die Mittel können in zwei Formen erscheinen: In der Form einer Generalklausel oder in der Form einer Spezialklausel.

Unter den „rechtstechnischen Methoden" wird die Art und Weise (Methode) verstanden, in der die innerhalb einer innerstaatlichen Rechtsordnung bestehenden rechtstechnischen Mittel anhand der Grundzüge des Verhältnisses zwischen Völkerrecht und innerstaatlichem Recht konzipiert, d. h. artikuliert und aktualisiert werden. Den rechtstechnischen Methoden kommt eine wichtige Rolle im Hinblick auf die innerstaatliche Stellung der allgemeinen Regeln des Völkerrechts zu. Es sind zunächst drei Methoden entwickelt worden: Die Transformations-, die Vollzugs- und die Adaptionsmethode. Von ihren Varianten sind insbesondere die gemäßigte Transformations- und die gemäßigte Vollzugsmethode zu nennen. Der letzteren ist der Vorzug einzuräumen.

Was unter den allgemeinen Regeln des Völkerrechts zu verstehen ist, bestimmt grundsätzlich das Völkerrecht. Darunter fallen vornehmlich die Normen des allgemeinen Völkergewohnheitsrechts. Sie werden von den sich auf die allgemeinen Regeln beziehenden rechtstechnischen Mittel erfaßt. Den allgemeinen Rechtsgrundsätzen kann Relevanz im innerstaatlichen Rechtsraum nur dann zuerkannt werden, wenn davon ausgegangen wird, daß diese aus der Struktur der Völkerrechtsordnung abgeleitet werden. Sie ergänzen und artikulieren Völkerrechtsnormen bei ihrer innerstaatlichen Geltung und Anwendung. In diesem Sinne sind sie Gegenstand der Regelung der sich auf die allgemeinen Regeln beziehenden rechtstechnischen Mittel. Dagegen fallen unter die allgemeinen Regeln völkerrechtliche Verträge auch dann nicht, wenn sie „allgemein" sind. Eine Ausnahme hierzu stellen diejenigen Verträge dar, die Normen des allgemeinen Völkergewohnheitsrechts enthalten. In der Regel kommt aber ihnen nur deklaratorische Bedeutung zu.

Die Rangeinstufung der allgemeinen Regeln des Völkerrechts im innerstaatlichen Recht kann auf zweifache Weise erfolgen: Erstens auf formeller und zweitens auf materieller Ebene. Entscheidend ist zunächst die formelle Rangeinstufung. Diese richtet sich nach den jeweils für die Regelung der innerstaatlichen Stellung der allgemeinen Regeln bestehenden rechtstechnischen Mitteln. Die materielle Rangeinstufung erfolgt dagegen durch die Heranziehung und Praktizierung der Grundsätze der völkerrechtskonformen Gestaltung des innerstaatlichen Rechts und der völkerrechtskonformen Auslegung der allgemeinen Regeln im innerstaatlichen Bereich.

Die Zuständigkeit der Auslegung von innerstaatlich geltenden allgemeinen Regeln des Völkerrechts kommt den innerstaatlichen Organen
zu. Diese Kompetenz wird in der Regel den Gerichten zugewiesen. Bei
der innerstaatlichen Auslegung ist der Zusammenhang dieser Regeln
mit dem Völkerrecht möglichst zu bewahren.

Literaturverzeichnis[1,2]

Abendroth, W.: Asylrecht, WVR², Bd. I, S. 89—93

L'Adaption de la Constitution belge aux réalités internationales. Actes du Colloque conjoint des 6 et 7 mai 1965. Centres de droit international de l'Institut de Sociologie de l'Université de Bruxelles et de l'Université de Louvain, Bruxelles 1966 (L'adaption)

Akademie der Wissenschaften der UdSSR: Rechtsinstitut, Völkerrecht. Veröffentlichungen des Instituts für Internationales Recht an der Universität Kiel, 43, Hamburg 1960

Anzilotti, D.: Lehrbuch des Völkerrechts, Berlin und Leipzig 1929 (VR)

Anschütz, G.: Die Verfassung des Deutschen Reichs vom 11. August 1919, 10. Aufl., Berlin 1929

Baumgärtel, G. — *Rammos*, G.: Das griechische Zivilprozeß-Gesetzbuch mit Einführungsgesetz, Köln, Berlin, Bonn, München 1969

Baxter, R. R.: Treaties and custom, RdC 129, 1970 I, S. 25—106

Berber, F.: Lehrbuch des Völkerrechts, I. Band, Allgemeines Friedensrecht, München und Berlin 1960 (VR I)

Bleckmann, A.: Begriff und Kriterien der innerstaatlichen Anwendbarkeit völkerrechtlicher Verträge. Versuch einer allgemeinen Theorie des self-executing treaty auf rechtsvergleichender Grundlage, Berlin 1970

— Deutsche Rechtsprechung in völkerrechtlichen Fragen 1966—1968, ZaöRV, Bd. 31 (1971), S. 271—343

Bogaert, E. van: Les antinomies entre le droit international et le droit interne, RGDIP, Bd. 72 (1968), S. 346—360 (Les antinomies)

Contiades, I.: Verfassung Griechenlands vom 1. Januar 1952, in: Die Verfassungen Europas, S. 134—160

Constantopoulos, D.: Verbindlichkeit und Konstruktion des positiven Völkerrechts, Hamburg 1948 (Verbindlichkeit)

Dahm, G.: Völkerrecht, Bd. I, Stuttgart 1958 (VR I)

— Zur Problematik des Völkerstrafrechts, Veröffentlichungen des Instituts für Internationales Recht an der Universität Kiel, 37, Göttingen 1956 (Zur Problematik)

Daskalakis, G.: Die allgemeine Erklärung der Menschenrechte, Athen 1953*

— Der Verfassungsschutz der Sozialrechte, Vorträge der Rechtsanwaltskammer von Athen, 1962—63, S. 91—111*

---

[1] Die Werke werden im Text mit den in den Klammern gesetzten Abkürzungen zitiert.

[2] Die in griechischer Sprache erschienenen Werke sind mit einem Sternchen versehen.

Dickinson, E. D.: Changing concepts and the doctrine of incorporation, AJIL, Bd. 26 (1932), S. 239—260

Doehring, K.: Die allgemeinen Regeln des völkerrechtlichen Fremdenrechts und das deutsche Verfassungsrecht. Beiträge zum ausländischen öffentlichen Recht und Völkerrecht, 39, Köln, Berlin 1963 (Die allgemeinen Regeln)

Dölle, H.: Internationales Privatrecht. Eine Einführung in seine Grundlagen, Karlsruhe 1968 (IPR)

Dürig, G. — *Maunz*, Th.: Grundgesetz, Kommentar, Lieferung 1—11, Bd. I, München 1970 (Kommentar)

Ekonomopulos, T.: Handbuch der Zivilprozeßordnung, Bd. II/1, Athen 1970*

Erades, L. — *Guld*, W. L.: The relation between International Law and Municipal Law in the Netherlands and in the United States, Leyden, New York 1961 (International Law and Municipal Law)

Eustathiades, C.: Internationales öffentliches Recht, Heft A, Athen 1963 (Universitätslektionen*)

— Les conflits entre les traités et la loi nationale, RHellDI 1965, S. 382—388

Evrigenis, D.: Die Anwendung des ausländischen Rechts. Beitrag zur allgemeinen Theorie des IPR, Thessaloniki 1956*

Favre, A.: Les principes généraux du droit, fonds commun de droit des gens, Recueil d'Etudes de droit international en hommage à Paul Guggenheim, Genève 1968, S. 366—390

Foriers, P.: Les relations des sources écrites et non écrites du droit, Rapports belges au VIIIe Congrès international de droit comparé, Pescara, 29 août — 5 sept. 1970, Bruxelles 1970, S. 41 ff.

Fragistas, Ch. N.: Die richterliche Unabhängigkeit, Thessaloniki 1940*

— Les conflits de la loi nationale avec les traités internationaux, Rapports généraux au VIIe Congrès international de droit comparé, Uppsala, 6—13 août 1966, Stockholm 1968, S. 361—376 (Les conflits)

Frenzke, D.: Das Verhältnis zwischen Völkerrecht und Landesrecht in der jugoslawischen Doktrin. Macht und Recht im kommunistischen Herrschaftssystem, Köln 1965, S. 57—76

Fromont, M.: La protection juriditionnelle du particulier contre le pouvoir exécutif en France, Gerichtsschutz gegen die Exekutive, Bd. I, S. 221—276 (La protection juridictionnelle)

Ganshof van der Meersch, M. W. J.: Réflexions sur le droit international et la revision de la Constitution, Discours, Bruxelles 1968 (Réflexions)

Georgopulos, K.: Griechisches Verfassungsrecht, Heft Γ, Athen 1970 (Verfassungsrecht)*

Gilissen, J.: Loi et coutume. Rapports belges du VIe Congrès international de droit comparé, Hamburg, 30 juillet — 4 août 1962, Bruxelles 1962, S. 1—40

Guggenheim, P.: Lehrbuch des Völkerrechts, Bd. I, Basel 1948 (VR I)

— Völkerrechtliche Schranken im Landesrecht, Juristische Studiengesellschaft Karlsruhe, Heft 16, Karlsruhe 1955 (Schranken)

Guggenheim, P.: Völkerrecht und Landesrecht, WVR², Bd. III, S. 651—662 (WVR² III)

— Die Anwendung allgemeiner Rechtsprinzipien des Völkerrechts im Landesrecht. Die moderne Demokratie und ihr Recht, Festschrift für Gerhard Leibholz zum 65. Geburtstag, Bd. I, Tübingen 1966, S. 701—712

Guld, W. L. — *Erades*, L.: The relation between International Law and Municipal Law in the Netherlands and in the United States, Leyden und New York 1961 (International Law and Municipal Law)

Herczegh, G.: General Principles of Law and the International Legal Order, Budapest 1969

Hesse, K.: Grundzüge des Verfassungsrechts der Bundesrepublik Deutschland, 3. Aufl., Karlsruhe 1969 (Verfassungsrecht)

L'Immunité de juridiction et d'exécution des Etats. A propos du projet de Convention du Conseil de l'Europe. Actes du Colloque conjoint des 30 et 31 janvier 1969, Bruxelles 1971

Jaenicke, G.: Völkerrechtsquellen, WVR² Bd. III, S. 766—775

Kägi, W.: Kodifikation, WVR² Bd. II, S. 228—237

Kalogeropulos-Statis, Sp.: Internationales öffentliches Recht, Heft A, 2. Aufl., Athen 1960*

Kaufmann, E.: Normenkontrollverfahren und völkerrechtliche Verträge, Gedächtnisschrift für Walter Jellinek, München 1955, S. 445—456 (Normenkontrollverfahren)

Kegel, G.: IPR, 3. Aufl., München 1971, (IPR³)

Kelsen, H.: Les rapports de système entre le droit interne et le droit international public, RdC 14, 1926 IV, S. 227—331

Kerameus, C.: Materielle Rechtskraft über Vorfragen, Thessaloniki und Athen 1967 (Rechtskraft)*

Kimminich, O.: Das Völkerrecht in der Rechtsprechung des Bundesverfassungsgerichts, AöR Bd. 93 (1968), S. 485—537 (Das VR in der Rechtsprechung)

Klein, F. — *Mangoldt*, H. von: Das Bonner Grundgesetz, Bd. 1, 2. Aufl., Berlin und Frankfurt a. M. 1957 (Das Bonner Grundgesetz)

Klein, F.: Die Europäische Menschenrechts-Konvention und Artikel 25 des Bonner Grundgesetzes, JIR Bd. 11 (1962), Festschrift für Rudolf Laun, S. 149—177 (Die MRK)

Kraus, H.: Der deutsche Richter und das Völkerrecht. Gegenwartsprobleme des internationalen Rechts und der Rechtsphilosophie (Festschrift für Rudolf Laun), Hamburg 1953, S. 223—238 (Der deutsche Richter)

Kunz, J. L.: Landesrecht und Völkerrecht, WVR¹ (Strupp) Bd. I, S. 787—797

Kyaw, D. von: Die Gewährleistung des Völkerrechts durch Landesrecht unter besonderer Würdigung der belgischen Theorie und Praxis, Bonner Diss., Bonn 1960 (Gewährleistung)

Kyriakopulos, E.: Griechisches Verfassungsrecht, Heft A, Thessaloniki 1932 (Verfassungsrecht)*

Kyriakopulos, E.: Le Droit International et la Constitution Hellénique de 1952, Gegenwartsprobleme des internationalen Rechts und der Rechtsphilosophie (Festschrift für Rudolf Laun), Hamburg 1953, S. 201—212 = EEN 1955, S. 193 ff.* (Le Droit International)

— Die Verfassung Griechenlands vom 1. Januar 1952, JöR N.F., Bd. 3 (1954), S. 313—358

— Die Verfassungen Griechenlands, Athen 1960. Sammlung der Verfassungstexte, der wichtigsten Dokumente etc.*

Lardy, P.: La force obligatoire du droit international en droit interne, Paris 1966 (La force obligatoire)

Leibholz, G. — *Rinck*, H. J.: Grundgesetz. Kommentar an Hand der Rechtsprechung des Bundesverfassungsgerichts, 3. Aufl., Köln 1968 (GG, Kommentar)

Lewin, D. B.: Grundprobleme des modernen Völkerrechts. Drei sowjetische Beiträge zur Völkerrechtslehre. Veröffentlichungen des Instituts für Internationales Recht an der Universität Kiel, 59, Hamburg 1969, S. 59—306 (Drei Beiträge)

Lidseropulos, A.: Die Rechtsprechung als gestaltender Faktor des Privatrechts, Thessaloniki 1932—35 (Die Rechtsprechung)*

Makarov, A.: Grundriß des Internationalen Privatrechts, Frankfurt a. M. 1970 (IPR)

Manessis, A.: Die Garantien für die Einhaltung der Verfassung, Bd. I, Thessaloniki 1956*

— Griechisches Verfassungsrecht, Thessaloniki und Athen 1967 (Verfassungsrecht)*

Mangoldt, H. von: Das Völkerrecht in den neuen Staatsverfassungen, JIR, Bd. 3 (1954), S. 11—25

Mangoldt, H. von — *Klein*, F.: Das Bonner Grundgesetz, Bd. 1, 2. Aufl., Berlin und Frankfurt a. M. 1957 (Das Bonner Grundgesetz)

Marek, K.: Droit International et Droit Interne, Publications de l'Institut Universitaire de Hautes Études Internationales, No. 38, Série I, vol. 1, Genève 1961

Maridakis, G.: Die deutsche Verfassung und die griechische Rechtsprechung, Dikaiosyni 1927, S. 222 ff. (Die deutsche Verfassung)*

— Internationales Privatrecht, Bd. I, Athen 1950 (IPR)*

— Der griechische Richter und das Völkerrecht, Recht im Dienste der Menschenwürde, Festschrift für Herbert Kraus, Würzburg 1964, S. 225—230 (Der griechische Richter)

Masters, R. S.: International Law in national courts. A study of the Enforcement of International Law in German, Swiss, French and Belgian Courts, New York 1932

Matz, W.: Entstehungsgeschichte der Artikel des Grundgesetzes, Art. 25, JöR, Bd. 1 (1951), S. 229—235

Maunz, Th. — *Dürig*, G.: Grundgesetz, Kommentar, Lieferung 1—11, Bd. I, München 1970 (Kommentar)

Menzel, E.: Kommentierung des Art. 25 GG, Kommentar zum Bonner Grundgesetz, Hamburg 1950 ff. (Bonner Kommentar, Art. 25)

— Völkerrecht, Ein Studienbuch, München und Berlin 1962 (VR)

— Neue Tendenzen in der Frage der Zuordnung von Völkerrecht und staatlichem Recht, Beiträge aus Völkerrecht und Rechtsvergleichung, Bd. III, Baden-Baden 1969, S. 47—73 (Zuordnung)

Michaelides-Nouaros, G.: L'oeuvre créatrice de la Jurisprudence Grecque en cas de silence de la loi, RHellDI 1951, S. 163—180

Mohr, E.: Die Transformation des Völkerrechts in deutsches Recht, Berlin, Grunewald 1934 (Transformation)

Mosler, H.: Das Völkerrecht in der Praxis der deutschen Gerichte, Juristische Studiengesellschaft, Karlsruhe, Heft 32/33, Karlsruhe 1957 (Praxis)

— L'application du droit international public par les tribunaux nationaux, RdC 91, 1957 I, S. 619—709 (Application)

— Die Gewährleistung des Völkerrechts durch die nationale Verfassung, dargestellt am Grundgesetz der Bundesrepublik Deutschland, Problèmes Contemporains de Droit Comparé, t. I, Tokio 1962, S. 157—178 (Gewährleistung)

O'Connell, D. P.: International Law, Vol. I, 2. Aufl., London und New York 1970

Papakonstantinu, G. A.: Das Verhältnis zwischen Völkerrecht und innerstaatlichem Recht, nach der neuen Verfassung Griechenlands, Armenopulos 1968, S. 443—456*

Papalambrou, A.: Le problème de la „transformation" et la question de la validité des actes étatiques „contraires" au droit international, RHellDI 1950, S. 234—269 (Le problème)

Partsch, J.: Die Anwendung des Völkerrechts im innerstaatlichen Recht. Überprüfung der Transformationsmethode, Berichte der Deutschen Gesellschaft für Völkerrecht, Heft 6, 1964 (Bericht)

La Pergola, A.: Costituzione e adattamento dell'ordinamento interno al diritto internazionale, Milano 1961 (Constitutione)

Pigorsch, W.: Die Einordnung völkerrechtlicher Normen in das Recht der Bundesrepublik Deutschland, Veröffentlichungen des Instituts für Internationales Recht an der Universität Kiel, 41, Hamburg 1959 (Einordnung)

Pfloeschner, F.: Les dispositions de la Constitution du 27 octobre 1946 sur la primauté du droit international et leur effet sur la situation des étrangers en France sous la IVe République, Genève, Paris 1961 (Les dispositions de la Constitution)

Plouvier, L.: L'affaire Detry — Le Ski, Bruxelles 1971 (unveröffentlicht)

Psaros, D.: Die Verfassungsrevision, Athen 1970*

Raape, L.: Internationales Privatrecht, 5. Aufl., Berlin und Frankfurt a. M. 1961 (IPR5)

Rammos, G. — *Baumgärtel*, G.: Das griechische Zivilprozeß-Gesetzbuch mit Einführungsgesetz, Köln, Berlin, Bonn und München 1969

Riesenfeld, St.: Jus dispositivium and jus cogens in international law: In the light of a recent decision of the German Supreme Constitutional Court, AJIL, Bd. 60 (1966), S. 511—515

Rigaux, F.: Les problèmes de validité souvelés devant les tribunaux nationaux, par les rapports juridiques existant entre la Constitution de l'État, d'une part, et les traités et les principes généraux de droit international, d'autre part, Problèmes Contemporains de Droit Comparé, t. I, Tokio 1962, S. 179—213 (Les problèmes)

— Les conflits de la loi nationale avec les traités internationaux, Rapports belges au VIIᵉ Congrès international de droit comparé, Uppsala 6—13 août 1966, Bruxelles 1966, S. 269—283 (Les conflits)

Rinck, H. J. — *Leibholz,* G.: Grundgesetz. Kommentar an Hand der Rechtsprechung des Bundesgerichtshofes, 3. Aufl., Köln 1968 (GG, Kommentar)

Rolin, H.: La force obligatoire des traités dans la jurisprudence belge, J.T., 1953, S. 561—562

— Note d'observations de M. Rolin, ancien senateur, au sujet de l'insertion dans la constitution, d'un article 107bis, 31. Dezember 1970, unveröffentlicht (Note d'observations)

Rudolf, W.: Völkerrecht und deutsches Recht, Tübinger Rechtswissenschaftliche Abhandlungen, 19, Tübingen 1967 (VR und dt Recht)

— Die innerstaatliche Anwendung partikulären Völkergewohnheitsrechts, Internationale Zeitschrift für Alfred Verdross zum 80. Geburtstag, München, Salzburg 1971, S. 435—448

Salmon, J. — *Suy* E.: La primauté du droit international sur le droit interne, L'adaption, S. 67—93 (La primauté)

Salmon, J.: Kommentierung des Tribunal civil de Bruxelles, 16 avril 1962, RCJB, Bd. 17 (1967), S. 400—415

— Droit des Gens, t. I, 2. Aufl., 1970—71 (Universitätslektionen)

— Le conflit entre le traité international et la loi interne en Belgique à la suite de l'arrêt rendu le 27 mai 1971 par la Cour de cassation, JT 1971, S. 509—520 und 529—535

— Le rôle de la cour de Cassation belge à l'égard de la coutume international, Liber ad discipulis amicisque in honorem W. J. Ganshof van der Meersch editus, im Druck (Le rôle)

Schaumann, W.: Die Immunität ausländischer Staaten nach Völkerrecht. Berichte der Deutschen Gesellschaft für Völkerrecht, Heft 8, S. 1—157

Schefold, D.: Die griechische Verfassung vom 15. November 1968, JöR N.F., Bd. 18 (1969), S. 303—332

— Zweifel des erkennenden Gerichts, Berlin 1971

Scheuner, U.: L'influence du droit interne sur la formation du droit international, RdC 68, 1939 II, S. 95—206

Schweisfurth, Th.: Der internationale Vertrag in der modernen sowjetischen Völkerrechtstheorie, Köln 1968 (Der internationale Vertrag)

Scupin, H. U.: Grundrechte und Grundpflichten der Staaten. WVR², Bd. I, S. 723—733

Seidl-Hohenveldern, I.: Transformation or adoption of international law, ICLQ Bd. 12 (1963), S. 88—124 (Transformation)

— Völkerrecht, 2. Aufl., Köln, Berlin, Bonn, München 1969 (VR)

Sguritsas, Chr.: Verfassungsrecht, Bd. A, Athen 1959*

Spyropoulos, I.: Internationales öffentliches Recht, 4. Aufl., Athen 1954*

Steinberger, H.: Bemühungen zur Kodifizierung und Weiterentwicklung des Völkerrechts im Rahmen der Organisation der Vereinten Nationen, ZaöRV, Bd. 28 (1968), S. 617—645

Stenographische Protokolle der neuen Verfassung von 1968, Athen 1969*

Stern, K.: Kommentierung des Art. 100 GG, Kommentar zum Bonner Grundgesetz, Zweitbearbeitung, 18. Lieferung, Juli 1967

Strebel, H.: Das Völkerrecht als Gegenstand von Verweisungen und Begriffsübernahmen, von Kollisionsregeln und Rezeption im nationalen Recht, ZaöRV Bd. 28 (1968), S. 503—522 (Das Völkerrecht als Gegenstand)

Streit, G. — *Vallindas*, P.: Internationales Privatrecht, Bd. I, Athen 1937 (IPR I)*

Stumpfe, W.: Die allgemeinen Regeln des Völkerrechts im Sinne des Art. 25 des Grundgesetzes für die Bundesrepublik Deutschland vom 23. Mai 1949 und der Satz „pacta sunt servanda", Züricher Diss. 1963 (Die allgemeinen Regeln)

Suy, E. — *Salmon*, J.: La primauté du droit international sur le droit interne, L 'adaption, S. 67—93 (La primauté)

Svolos, A.: Verfassungsrecht, Bd. A, Athen 1934*

Tenekides, C. G.: Le droit international public envisagé comme source du droit interne hellénique, RDILC 1928, S. 338—345 (Le droit international)

— Les tendances du droit hellénique et les principes du droit des gens, RDILC 1935, S. 765—808 (Les tendances)

Tenekides, G. C.: Die Geltung dem Völkerrecht widersprechender innerstaatlicher Rechtsakte, Athen 1936 (Die Geltung)*

— Internationles öffentliches Recht, Bd. A, Teil I, 2. Aufl., Athen 1963*

Tomuschat, Ch.: Deutsche Rechtsprechung in völkerrechtlichen Fragen 1958—1965, Teil A: Allgemeines Friedensrecht, ZaöRV Bd. 28 (1968), S. 48—147

Triepel, H.: Völkerrecht und Landesrecht, Leipzig 1899 (VR und LR)

Tsatsos, K.: Bemerkungen zu den Quellen des geltenden Rechts, Studien der Rechtsphilosophie, Athen 1960, S. 131—161*

Tunkin, G.: Das Völkerrecht der Gegenwart, Theorie und Praxis, Berlin 1963

Usenko, E. T.: Sozialistische Internationale Arbeitsteilung und ihre rechtliche Regelung, Berlin 1966 (Arbeitsteilung)

Vallindas, P. — *Streit*, G.: Internationales Privatrecht, Bd. I, Athen 1937 (IPR I)*

Vallindas, P.: Internationales öffentliches Recht, 1959*

Verdross, A.: Völkerrecht (unter Mitarbeit von Verosta, St. und Zemanek, K.), 5. Aufl., Wien 1964 (VR)

Verdross, A.: Les principes généraux de droit dans le système des sources de droit international public, Recueil d'Études de droit international en hommage à Paul Guggenheim, Genève 1968, S. 521—530

Verfassung der Deutschen Demokratischen Republik, Dokumente/Kommentar, Bd. 1, Berlin 1969

(Die) Verfassungen Europas, hrsg. von Mayer-Tasch, P. C. in Verbindung mit Contiades, I., Stuttgart 1966

Verhoeven, J.: Jurisprudence belge relative au droit international, 1966 (2e partie), RBDI 1969, S. 365—389

Virally, M.: The Sources of international law, Manual of public international law, ed. by Sørensen, M., London, Melbourne, Toronto, New York 1968, S. 116—174

De Visscher, P.: Les tendances internationales des Constitutions modernes, RdC 80, 1952 I, S. 511—578 (Les tendances)

— Rapport de synthèse, L'adaption, S. 95—126

Vogel, K.: Die Verfassungsentscheidung des Grundgesetzes für eine internationale Zusammenarbeit, Tübingen 1964 (Verfassungsentscheidung)

Waelbroeck, M.: Traités internationaux et jurisdictions internes dans les pays du Marché commun, Bruxelles, Paris 1969 (Traités internationaux)

Walz, G. A.: Völkerrecht und staatliches Recht, Stuttgart 1933 (VR und StR)

Wawaretos, G.: Die Verfassung Griechenlands von 1968, Kommentar, Athen o. J.*

Wegleris, Ph.: Anmerkungen zur Rechtsprechung über das öffentliche Recht, Athen 1955 = EEN 1955, S. 689—716*

Wengler, W.: Völkerrecht, Bd. I, Berlin, Göttingen, Heidelberg 1964 (VR I)

Wenig, R.: Die gesetzeskräftige Feststellung einer allgemeinen Regel des Völkerrechts durch das Bundesverfassungsgericht, Berlin 1971 (Feststellung)

Wigny, P.: Droit Constitutionnel, t. I, Bruxelles 1952

Wolff, M.: Das internationale Privatrecht Deutschlands, 3. Aufl., Berlin, Göttingen, Heidelberg 1954 (IPR[3])

Zotiades, G.: Einige Bemerkungen zu den Quellen des Auslieferungsrechts, Armenopulos 1969, S. 88—97*

Entscheidungsverzeichnis*

A. Bundesrepublik Deutschland

Bundesverfassungsgericht

Urteil vom 23. Oktober 1951, E, Bd. 1, S. 14 ff. (64)

Urteil vom 5. April 1952, E, Bd. 1, S. 208 ff. (63, 64, 91)

Urteil vom 26. März 1957, E, Bd. 6, S. 309 ff. (64, 80, 91)

Urteil vom 24. Juli 1962, E, Bd. 14, S. 221 ff. (64, 91)

Beschluß vom 30. Oktober 1962, E, Bd. 15, S. 25 ff. (28, 64, 65, 66, 71, 72, 78, 82, 91, 105 f.)

Beschluß vom 30. April 1963, E, Bd. 16, S. 27 ff. (71, 72, 73, 74, 78, 82, 106, 107)

Beschluß vom 7. April 1965, E, Bd. 18, S. 441 ff. (38, 63, 64, 65, 66, 71, 105)

Beschluß vom 14. Mai 1968, E, Bd. 23, S. 288 ff. (66, 71, 78, 91, 103, 104, 105, 106)

Beschluß vom 3. Dezember 1969, E, Bd. 27, S. 253 ff. (63, 65, 66, 78 f., 91)

Bundesgerichtshof

BGHSt, Beschluß vom 21. Januar 1953, Bd. 3, S. 392 ff. (64)

BGHSt, Beschluß vom 29. Dezember 1953, Bd. 5, S. 230 ff. (64)

BGHSt, Beschluß vom 3. März 1954, Bd. 5, S. 396 ff. (80)

Verschiedene

OLG Hamm, Urteil vom 30. August 1955, NJW Bd. 9 (1956 I), S. 307 ff. (80)

OVG Münster, Urteil vom 25. Nov. 1955, NJW Bd. 9 (1956 II), S. 1374 f. (80)

LG Stuttgart, Beschluß vom 24. April 1951, NJW Bd. 4 (1951), S. 850 (80)

B. Belgien

Cour de Cassation

Cour de Cassation, 24 mai 1897, Pas. I 1897, S. 198 ff. (44)

Cour de Cassation, 23 mai 1898, Pas. I 1898, S. 202 ff. (44)

Cour de Cassation, 25 janvier 1906, Pas. I 1906, S. 95 ff. (46, 67)

Cour de Cassation, 6 novembre 1944, Pas. I 1945, S. 23 ff. (67)

---

* Die in Klammern angegebenen Zahlen verweisen auf die Seite, in der die entsprechenden Entscheidungen berücksichtigt werden.

Cour de Cassation, 16 juin 1947,
Pas. I 1947, S. 274 f. (67, 83)

Cour de Cassation, 26 janvier 1948,
Pas. I 1948, S. 52 ff. (67, 83)

Cour de Cassation, 4 juillet 1949,
Pas. I 1949, S. 506 ff. (45, 67, 83,
100)

Cour de Cassation, 27 novembre 1950,
Pas. I 1951, S. 180 ff. (45, 67, 83,
100)

Cour de Cassation, 26 mai 1966, Pas. I
1966, S. 1211 ff. (67, 71, 92)

Verschiedene

Cour d'Appel de Bruxelles, 24 mai
1933, Pas. II 1933, S. 197 ff. (71)

Cour d'Appel de Bruxelles, 10 jan.
1964, Pas. II 1964, S. 157 ff. =
RBDI 1966, S. 558 f. (44, 67)

Trib. 1re Inst. Léopoldville, 14 oct.
1955, J.T. 1956, S. 292 ff. (27, 71)

Tribunal civil Bruxelles, 16 avril
1962, RBDI 1969, S. 369 f. = RCJB
1967, S. 397 ff. (44, 67)

C̄orr Bruxelles, 5 juin 1965, RBDI
1967, S. 589 f. = J.T. 1966, S. 30 f.
(44)

C. Griechenland

Areopag

Areopag 14/1896, Themis 1896—97,
S. 179 (46, 93, 101, 102)

Areopag 167/1928, Themis 1928, S. 627
(68)

Areopag 161/1930, Themis 1930,
S. 669 f. (68)

Areopag 116/1943, EEAN 1943,
S. 191 ff. (68)

Areopag 255/1944, RHellDI 1949,
S. 66 f. (100)

Areopag 342/1950, EEAN 1952,
S. 138 ff. = RHellDI 1951, S. 93 (68)

Areopag 429/1953, EEAN 1957,
S. 410 ff. (68, 71)

Areopag 140/1955, EEN 1955, S. 546 f.
= EEAN 1956—57, S. 259 ff. =
N.B. 1955, S. 531 f. (68 f., 83, 100)

Staatsrat

Staatsrat 504/1932, Themis 1933,
S. 198 ff. = StRE 1932, A, S. 146 ff.
(69)

Staatsrat 1848/1952, EEAN 1953—54,
S. 143 ff. = RHellDI 1954, S. 274 ff.
(69, 71, 83)

Staatsrat 503/1969, N.B. 1969, S. 468 ff.
(93)

Staatsrat 1816/1969 (und ähnlich 1811
-15/1969, 1817-31/1969), N.B. 1969,
S. 879 ff. (93)

Verschiedene

OLG Athen 451/1895, Themis 1895—
96, S. 476 (102)

OLG Athen 564/1945, Themis 1945,
S. 398 (93)

OLG Thrazien 21/1947, EEN 1947,
S. 277 ff. = RHellDI 1948, S. 379 ff.
(69, 71, 83, 93, 100)

OLG Thrazien 18/1949, Themis 1949,
S. 215 ff. = RHellDI 1950, S. 333 ff.
(69, 71, 83, 100)

OLG Thrazien 22/1956, EEN 1956,
S. 461 f. (69)

LG Athen 8890/1898, Themis 1898—99,
S. 607 f. (93)

MIX
Papier aus verantwortungsvollen Quellen
Paper from responsible sources
FSC® C105338

Printed by Libri Plureos GmbH
in Hamburg, Germany